Jiyu Ziyuan yu Huanjing Yueshuxia de
Shengtai Nonglü Chanye Ouhe Xitong Jizhi Yanjiu

基于资源与环境约束下的
生态农旅产业耦合系统机制研究

尹新哲 李菁华 著

中国财经出版传媒集团

经济科学出版社

Economic Science Press

图书在版编目（CIP）数据

基于资源与环境约束下的生态农旅产业耦合系统机制研究/尹新哲，李菁华著 . —北京：经济科学出版社，2020.5

ISBN 978 - 7 - 5141 - 2721 - 8

Ⅰ. ①基… Ⅱ. ①尹… ②李… Ⅲ. ①生态农业 - 关系 - 生态旅游 - 研究 Ⅳ. ①F303.4 ②F590.75

中国版本图书馆 CIP 数据核字（2020）第 085511 号

责任编辑：周胜婷
责任校对：李　建
责任印制：邱　天

基于资源与环境约束下的生态农旅产业耦合系统机制研究
尹新哲　李菁华　著
经济科学出版社出版、发行　新华书店经销
社址：北京市海淀区阜成路甲 28 号　邮编：100142
总编部电话：010 - 88191217　发行部电话：010 - 88191522
网址：www. esp. com. cn
电子邮箱：esp@ esp. com. cn
天猫网店：经济科学出版社旗舰店
网址：http：//jjkxcbs. tmall. com
中煤（北京）印务有限公司印装
710×1000　16 开　9 印张　150000 字
2020 年 5 月第 1 版　2020 年 5 月第 1 次印刷
ISBN 978 - 7 - 5141 - 2721 - 8　定价：48.00 元
（图书出现印装问题，本社负责调换。电话：010 - 88191510）
（版权所有　侵权必究　打击盗版　举报热线：010 - 88191661
QQ：2242791300　营销中心电话：010 - 88191537
电子邮箱：dbts@ esp. com. cn）

前　　言

　　基于资源与环境约束下的生态农业和生态旅游业耦合发展是对当前我国农业和旅游业传统发展模式的升级转变。生态农业主要是通过农业机械化、土地规模化、技术创新和技术集约化的途径来提升农业生产力水平、农产品的原生态水平和农民的收入水平。而生态旅游业提倡摒弃传统旅游业无序无节制地消耗资源，提倡在旅游承载力约束下进行旅游开发，从而提升旅游产品的高品位性、环保性和经济效益。目前，大多数研究都是将这两个产业分开独立研究。虽然到目前为止，生态旅游和生态农业在单独领域已经取得了丰硕的成果，但仍然缺乏对两个产业的协同演化机制研究，缺乏对产业耦合系统的动态分析以及影响产业耦合长期发展的内在约束分析。

　　本书研究对正处在经济转型时期的三峡库区，是十分必要的。三峡库区具备实现跨越式发展的巨大资源。首先，库区具有发展生态农业得天独厚的优势。远离工业密集区，土壤、空气等很少被污染，生物多样化。其次，库区也具备发展生态旅游业的区位优势，库区位于长江三峡旅游黄金线路的黄金路段上，本身就具备旅游产业的基础和品牌影响力，所以完全可以将自然资源优势和生态环境优势通过生态农业和生态旅游业的强力拉动有效地转化为商品优势和经济优势。但需要注意的是，随着三峡工程完工，三峡库区出现了一系列有待解决的新农村建设问题，三峡工程的竣工和移民的迁建造成的生态系统脆弱化和产业结构的空心化，加之库区传统农业耕种背景下的低收入状况，也要求在没有密集工业的现实情况下必须发展生态农业和生态旅游业耦合的新型产业系统。因此，研究生态农业和生态旅游业两大产业的互动机制、产业协同发展的增长路径，以及产业内部约束条件分析，所取得的研究成果不仅为三峡库区产业结构调整、区域经济增长方式转型和库区社会主义新农村建设提供建议，而且也为其他区域的产业结构调整，其他产业的可持续发展模式提供参考。

本书建立了一个基于生态旅游业和生态农业耦合发展的产业系统，进而利用此系统达到产业系统整体的社会效益最大化，实现资源和环境承载力约束下的产业资源配置动态最优化，并刻画不同类型资源（诸如可再生与不可再生资源、原始资源与二次资源）和不同类型污染（诸如不同衰减速度、不同环境容量）对产业耦合系统经济增长的影响，刻画产业增长路径上的技术进步、规模变化、结构变化等参量变动对产业耦合系统发展的影响，为政府制定产业耦合系统发展规划与相应的宏观政策提供建议和帮助。

本书在介绍研究背景与意义、思路与内容、特色与创新以及相关理论研究综述的基础上，对基于资源与环境约束下的生态农业和生态旅游业的发展机理进行了研究，取得的创新性成果如下：

第一，建立了基于资源与环境约束下的生态农旅产业耦合系统框架，即：将生态旅游和生态农业两大产业有机地联系起来，探寻两大产业之间的互动机制和影响因素，探讨了引入资源与环境承载力（carrying capacity of resources and environment carrying capacity）约束条件后，生态农业、生态旅游业的产业增长路径和最优化问题。

第二，运用系统动力学和动态最优控制（the theory of dynamic optimization）工具，对基于资源与环境约束下生态农业与生态旅游业耦合系统的内部运作机理进行了框架模型刻画，并嵌入以下主要变量：参与主体、构建模式、资源环境和技术进步等影响因子、经济收益及分配。

第三，根据污染控制的时空差异（time‐spatial differentiation of pollution control）和经济收益的产业差异（industrial differentiation of economic benefit）构建了合理的生态农业、生态旅游业耦合系统，实现对资源共享和对污染的协同控制。主要包括四个方面。①资源和环境承载力约束下两大产业资源配置的动态最优化问题：利用动态最优化工具对基于资源与环境承载力约束下两大产业的经济增长最优路径进行分析，找出适合两大产业协同发展的均衡状态。②不同类型资源对产业耦合系统的影响：刻画一次资源、二次资源、原始资源、可再生资源等不同资源在产业耦合系统中的分配和使用，分析资源之间的不同替代关系对产业耦合的影响，以及对耦合系统中的不同产业规模结构动态变化的影响。③不同类型污染对产业耦合系统的影响：刻画不同污染存量水平、不同污染流量水平、不同环境容量水平、不同降解速率水平的不同污染物、不同产业的不同污染物对产业耦合的影响。④根据不同产业的不同污染和不同资源消耗，刻画耦合系统中的产业规模结构动态变化。

　　第四，本书基于以上分析，进行相应的数值模拟分析，并选取三峡库区典型区县进行了实证分析。

目　　录

1 绪　　论

1.1　本书选题意义和价值

具备可持续发展特征的生态农业（eco-agriculture）和生态旅游业（eco-tourism）是对当前我国传统农业和旅游业的升级转变。生态农业主要是通过农业机械化、土地规模化、技术创新和技术集约化的途径来提升农业生产力水平、农产品的原生态水平和农民的收入水平。而生态旅游业提倡摈弃传统旅游业无序无节制地消耗资源，提倡在旅游承载力约束下进行旅游开发，从而提升旅游产品的高品位性、环保性和经济效益。目前，大多数研究都是将这两个产业分开独立研究。虽然到目前为止，生态旅游和生态农业在单独领域已经取得了丰硕的成果，但仍然缺乏对两个产业的协同演化机制研究，缺乏系统的动态分析以及影响产业发展的内在约束分析。

本书研究对正处在经济转型时期的三峡库区，是十分必要的。三峡库区具备实现跨越式发展的巨大的资源，但随着三峡工程完工，也出现了一系列有待解决的新农村建设问题。首先，库区具有发展生态农业得天独厚的优势。远离工业密集区，土壤、空气等很少被污染，生物多样化。其次，库区也具备发展生态旅游业的区位优势，库区位于长江三峡旅游黄金线路的黄金路段上，本身就具备旅游产业的基础和品牌影响力。所以完全可以将自然资源优势和生态环境优势通过生态农业和生态旅游业的强力拉动有效地转化为商品优势和经济优势。而且，三峡工程的竣工和移民的迁建造成的生态系统脆弱化和产业结构的空心化，加之库区传统农业耕种背景下的低收入状况，也要求在没有密集工业的现实情况下必须发展生态农业和生态旅游业耦合的新型产业系统。因此，研究生态农业和生态旅游业两大产业的互动机制，产业协同发展的增长路径，以及产业内部约束条件分析，所取得的研究成果不仅为三峡库区产业结构调整、区域经济增长方式转型和库区社会主义新农村建设提供建议，而且也为其他区域的产业结构调整，其他产业的可持续发展模式提供参考。

通过建立一个基于生态旅游业和生态农业耦合发展的产业系统，进而利用此产业系统达到产业系统整体的社会效益最大化，实现资源和环境承载力约束下的产业资源配置动态最优化，并刻画不同类型资源（诸如可再生与不可再生资源、原始资源与二次资源）和不同类型污染（诸如不同衰减速度、不同环境容量）对产业耦合系统经济增长的影响，刻画产业增长路径上的技术进步、规模变化、结构变化等参量变动对产业耦合系统发展的影响。能够为政府制定产业耦合系统发展规划与相应的宏观政策提供建议和帮助。

通过传统产业结构的升级实现地区经济发展的研究，主要包括以下两个方面：一是两大产业的耦合发展，利用系统动力学刻画两大产业的耦合发展及互动影响机制；二是基于资源与环境约束下的传统农业、旅游业向生态农业、旅游业的升级，利用动态最优控制理论对产业发展进行各类资源与各类污染条件下的约束分析，刻画基于资源与环境约束下的产业发展最优路径和要素的最优配置。

1.2 本书的基本思路和方法

本书的研究目标是通过探寻三峡库区生态农业和生态旅游业发展的主要影响因素、各因素之间的相互作用关系，以及协同演化机制，从而系统地提出既符合一般管理规律又符合三峡库区具体背景的管理决策，最终实现动态的生态农业和生态旅游业耦合系统，为贯彻国家可持续发展战略，建设库区社会主义新农村示范区，实现库区经济增长转型提供理论支持和实践指导。所以针对以上目标，本书的研究思路和方法安排如下：

首先，通过文献纵览，进一步辨别生态旅游和生态农业研究领域的研究前沿，厘清本书的研究能够在哪个侧面、哪个层次对该领域做出新的贡献，以便加强构思论证主题的理论框架、论证技术以及数据收集和分析方法。

然后，运用大系统理论和动态最优化理论对主体模型进行框架式刻画；进而结合产业经济学、环境经济学、资源经济学以及内生增长理论对影响主体模型的各主要变量和因素进行模块化设计。

最后，对模型的主要结论进行数值模拟，并选取典型区县展开实证分析。

1.3　本书的主要研究内容

本书将建立基于资源与环境约束下的生态旅游和生态农业耦合系统框架，即将生态旅游和生态农业两大产业有机地联系起来，探寻两大产业之间的互动机制和影响因素，探讨引入资源与环境承载力（carrying capacity of resources and environment carrying capacity）约束条件后，生态农业、生态旅游业的产业增长路径和最优化问题。整体研究的框架模型如图 1.1 所示。

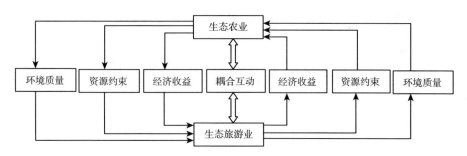

图 1.1　本书主要研究内容

基于此模型，本书需要展开的研究内容如下：

首先，运用系统动力学和动态最优控制（the theory of dynamic optimization）工具，对基于资源与环境约束下生态农业与生态旅游业耦合系统的内部运作机理进行框架模型刻画，并嵌入以下主要变量：参与主体、构建模式、资源环境和技术进步等影响因子、经济收益及分配。

其次，根据上述框架模型刻画确立的生态农业与生态旅游业的互动规律，进一步根据污染控制的时空差异（time-spatial differentiation of pollution control）和经济收益的产业差异（industrial differentiation of economic benefit）构建合理的生态农业、生态旅游业耦合系统，实现对资源共享和对污染的协同控制。主要研究内容包括：一是资源和环境承载力约束下两大产业资源配置的动态最优化问题。利用动态最优化工具对基于资源与环境承载力约束下两大产业的经济增长最优路径进行分析，找出适合两大产业协同发展的均衡状态。二是不同类型资源对产业耦合系统的影响。刻画一次资源、二次资源、原始资源、可再生资源等不同资源在产业耦合系统中的分配和使用，分析资源之间的不同替代关系对产业耦合的影响，以及对耦合系统中的不同产业规模结构动态变化的影响。三是不同类型污染对产业耦合系统的影响。刻画不同污染存量水平、不同污染流量水平、不同环境容量水平、不同降解速率水平的不同污染物、不同产业的不同污染物对产业耦合的影响。四是根据不同产业的不同污染和不同资源消耗，刻画耦合系统中的产业规模结构动态变化。

最后，本书将基于以上分析，对主要结论进行数值模拟，并选取三峡库区典型区县进行实证研究。

1.4　本书的主要观点和创新点

1.4.1　主要观点

（1）两大产业协同发展为建设库区新农村提出一种示范方法。

（2）对两大产业进行耦合规划、发展是提高两大产业产出效率的有效途径。

（3）引入资源与环境承载力约束条件，分析产业耦合系统对可持续发展战略具有现实意义。

1.4.2　创新点

本书运用大系统理论和动态最优化理论对生态农业、生态旅游业耦合系统的主体模型进行框架式刻画，并结合产业经济学、环境经济学、资源经济学以及内生增长理论对影响主体模型的各主要变量和因素进行模块化设计，进一步拓展模型的深度和广度。主要创新点如下：

（1）本书运用系统动力学理论，对产业耦合的资源、环境最优化配置问题进行研究，分析可再生与不可再生资源、环境污染、污染治理、劳动力供给以及产业收益对产业耦合发展的影响，刻画最优增长路径，以找出适合两大产业协同发展的均衡状态。

（2）运用动态最优控制工具研究不同类型资源对产业耦合系统的影响。刻画一次资源、二次资源、原始资源、可再生资源等不同资源在产业耦合系统中的分配和使用，进一步分析资源之间的不同替代关系对产业耦合的影响。

（3）运用动态最优控制工具研究不同类型污染对产业耦合系统的影响。刻画不同污染存量水平、不同污染流量水平、不同环境容量水平、不同降解速率水平的不同污染物、不同产业的不同污染物对产业耦合的影响。

（4）刻画不同产业消耗资源的差异和产生污染的差异对耦合系统中的不同产业发展的规模与结构动态变化的影响。

2 国内外研究现状综述

2.1 单一生态旅游业发展产生的经济影响和环境影响研究

2.1.1 旅游业发展产生的经济影响

国外对旅游业产生的经济影响研究成果颇丰。在评估旅游业产生的经济影响时，着重从金融、就业和发展三方面进行成本—收益分析（cost-benefit analysis），认为旅游在赚取外汇、增长 GNP、增加税收、提高个人收入、增加就业机会、加强经济基础、加强跨部门联系、产生乘数效应、改善基础设施、提高社会化服务、推动不发达地区发展的同时，也产生诸如利润漏损、通胀、地价抬高、季节性失业、与其他行业产生冲突、增加经济对外部的依赖性等不良影响。阿彻和弗莱彻（Archer and Fletcher，1991）则认为旅游的经济收益研究必须要测算由初始支出所诱发的一系列的经济活动的综合效应，并重点分析各方法的优缺点和局限，并列出了旅游业的损益分析需要考虑的影响因素。

值得注意的是，在创造就业和收入方面，旅游在那些可选择发展机会非常有限的欠发达边远地区显得比其他产业更加有效。事实上，恰恰是在这些地区，旅游的影响可以得到充分发挥。在那里，许多当地人是仅能勉强糊口的农民或牧民，如果能参与到旅游业中，他们的家庭收入将得到很大的提高。并且，由于旅游将为当地产品开辟市场，旅游将进一步提供货币刺激，使当地手工业得到维持和发展。事实上，旅游业给这些地区居民带来的福利效应要远比相同情况下给发达地区带来的效应大得多。此外，旅游业的发展，特别是在欠发达地区的发展，需要具备相应的社会基础设施和旅游基础设施。在许多情况下，由于他们在供旅游行业使用的同时也为当地居民所享用，因此，这些公用事业在经济上是很难区分的。在许多国家，高速公路和机场最初主要是为满足旅游的需要而修建的，现在则成为当地产品进入更广阔市场的新途径。遗憾的是，在许多情况下，当地居民还几乎没有从这些开发项目中得到直接的收益。这实质上是一个自然资源与经济资源的分布问题。由此可见，旅游业发展与农业发展存在着某些天然的联系，特别是在经济欠发达地区。

2.1.2 旅游业发展产生的环境、生态影响

过度的或规划不当的旅游开发影响着当地的自然环境。除了对风景的破坏以外，开发经营中产生的废物、废气、废水通常未经处理就进行排放，污染当地自然环境。此外，低级的、不明智的旅游开发也破坏了不可再生的自然资源，其真正的、长期的利益并没有得到完全的评价和展示。例如，有的地方广泛用于泄洪和渔业生产的沼泽地和红树林，被排干用以修建码头；当地村庄的水资源被旅馆和休闲娱乐场所占用；山区森林被砍伐用以拓展道路和修建滑雪雪道，导致严重的水土流失，进而形成严重的泥石流和山体滑坡。而且，旅游者本身对环境的破坏也负有不可推卸的责任。在一些地方，旅游者会有意无意地破坏农作物和农场设备，恐吓牲畜，丢弃垃圾。

旅游者所造成的环境和生态破坏的程度和性质与开发的程度和旅客流量、旅游地的时空布局与规划、当地环境的特点以及开发前后所采用的规划和管理方法的性质有关。研究文献提供了大量正反两面的案例。在任何一个案例中，可能发生的情况取决于目的地区域的特征和当地所追求的目标与目的。协调当地人的愿望和利益诉求、国家的开发收益、资本和开发商的投资金融回报之间的关系，对处理旅游与生态环境的关系，构建和谐社会起着至关重要的作用。

关于生态旅游业的环境影响，国外学者进行了大量的实证研究。米奇科夫斯基（Mieckowski，1995）认为生态旅游是地区最优的资源利用途径，可以将经济建设中的环境负面影响降低到最小。墨菲（Murphy，1985）认为如果旅游发展建立在良好的规划基础上，就能提高区域的环境质量。索塞尔（Thorsell，1984）以东非地区的旅游开发为例，检讨了旅游对环境的不利影响。德林（Derrin，1997）研究了澳大利亚深海观鲸旅游活动对鲸鱼的日常生活的影响。王志勇（Chih-Yung Wang，1997）、梅（May，1995）研究了发展旅游业对美国国家公园生态环境的影响。

国内早期的相关研究主要集中在对与旅游发展相关的污染指标的研究上，采取的研究方法集中在预测分析法、长期监测法、模拟法等。随后的研究重点是旅游对环境要素（如植被、土壤）的影响。其中具有典型性的是王宪礼对长白山生物圈旅游的环境影响的研究，他通过野外调查分析了长白山生物圈的垃圾污染、植被破坏、水土流失、生态系统（原始森林、高山苔原、森林湿地）等情况，并对当地旅游开发与保护提出了建议。秦远好（2006）从自然环境、社会环境、当地居民对旅游业环境影响的心理响应三个方面研究了三峡库区旅游业的环境影响，分析了三峡库区旅游业的环境影响机理及综合评价体系，并得出环境影响控制措施。

2.2 单一生态农业发展产生的经济影响和环境影响研究

随着农业发展速度的日益加快，农业生产对各种资源的需求量不断增加。同时由于人口数目不断增加，各种不可再生资源数量有限，可再生资源的自我恢复需要一定的时间，因此在一定时期内，人均资源量是有限的。为了保证不断增加人口的生存所需，一些地区便开始了资源争夺战，出现了不合理的资源开发和利用现象，而且愈演愈烈。具体表现为过度放牧、乱砍滥伐、开垦草地、毁林造田、连续耕作、过量施用化肥农药等。由于不合理的开发利用资源，导致资源枯竭，引起严重的环境问题，如气候变化、臭氧层破坏、森林破坏与生物多样性减少、大气及酸雨污染、土地荒漠化、有毒化学品污染等。而这变化了的环境对农业发展形成强大的制约作用，比如长期大量地使用氮肥，特别是大量施用胺肥，铵离子进入土壤后在其硝化作用的过程中释放出氢离子，使土壤逐渐酸化。铵离子能够置换出土壤胶体微粒上起联结作用的钙离子，造成土壤颗粒分散，从而破坏了土壤团粒结构。大量施用氮肥，给土壤引入了大量非主要营养成分或有毒物质，如硫酸铵中的硫酸根离子和氯铵中氯离子，或尿素中的有毒物质缩二脲，它们对土壤微生物的正常活动有抑制或毒害作用。土壤酸化不仅破坏土壤性质，而且会促进土壤中一些有毒有害污染物的释放迁移或使之毒性增强，使微生物和蚯蚓等土壤生物减少，还加速了土壤中一些营养元素的流失。我国东北地区一些农场由于长期使用氮肥，导致土壤营养下降。一些地处热带的农田中长期大量施用氮肥而不用有机肥，致使土壤严重板结，最终丧失了农业耕种价值。再如气候变暖会导致频繁的气候灾害——过多的降雨、大范围的干旱和持续的高温，造成大规模的灾害损失。有的科学家根据气候变化的历史数据，推测气候变暖可能破坏海洋环流，引发新的冰河期，给高纬度地区造成可怕的气候灾难。我国的气候变暖趋势冬季将强于夏季；在北方和西部的温暖地区以及沿海地区降雨量将会增加，长江、黄河等流域的洪水暴发频率会更高；东南沿海地区台风和暴雨也将更为频繁；春季和初夏许多地区干旱加剧，干热风频繁，土壤蒸发量上升。温度升高将延长生长期，减少霜冻，二氧化碳的"肥料效应"会增强光合作用，对农业产生有利影响；但土壤蒸发量上升，洪涝灾害增多和海水侵蚀等将造成农业减产，对草原畜牧业和渔业的影响将是非常不利的。

农业可持续发展与各类资源的上述关系可用函数关系加以描述和说明。设 L 为农业总产出或农业发展的总体效益指标，设 A 表示农业生产过程中消耗的资源或资源开发利用的强度，则它们之间应具有如下函数关系：$L = f(A, B)$，B 表示农业生产过程中引起的环境损失。各种资源的组合结构不同、农业产业结构和农业资源消费结构不同，使得农业产出的效益值不同，从而导致了农业发展经历不同的阶段。在农业发展的初级阶段，由于各种资源还未得到充分利用，各种资源都非常丰裕，不可再生资源已探明储量相对于须消耗的量来讲非常丰富，可再生资源的消耗速度也远低于其自我恢复速度。此时，资源的任意结构的组合都会有较大的农业产出，资源的边际产出非常大，呈递增趋势，只要资源的消耗量不超过警戒线，从事农业生产和生活所产生的废弃物的排放量较小，资源就可以得到及时的治理。当农业发展到一定水平时，各种资源的消耗速度日益增加，不可再生资源的消耗量相对已探明储量显示出匮乏和不足，可再生资源的消耗速度虽然还未达到其更新速度，但逐渐与其接近，资源系统出现了警戒信号，此时环境系统趋于崩溃的边缘。此时的资源组合结构与资源的消耗结构日益不协调，虽有农业产出的持续增加，但各种资源的边际产出开始变小并呈递减态势。

从上面的描述可以看出，农业在发展过程中要利用一定量的资源，只要有资源被利用，就会产生环境问题。一方面农业生产并不能将它所利用的资源全部转化为农业产出，必然会有副产品。限于经济、技术条件和人们的认识，有一些副产品不能被利用，而成为废弃物排入环境。而且农业发展水平越高，生产过程中所利用的资源量越大，如果技术水平不能及时提高，资源转化效率越低，投入环境中的废弃物就会越多，这些废弃物对环境的影响也就越大。环境通过各种各样的物理、化学、生物反应，容纳、稀释、降解、转化这些废弃物，并由存在于大气、水体和土壤中的大量微生物将其中的一些有机物分解成为稳定的无机物，又重新进入不同元素的循环中，称之为环境的自净作用、恢复能力或环境承载能力。环境的这种自我净化、恢复能力和环境承载能力是有限的，当农业发展产生的废弃物对环境的改变超过环境的自我净化、恢复能力或环境承载能力时，就形成对环境的破坏，产生环境污染问题。另一方面自然资源的补给和再生、增值都是需要时间的，一旦超过了极限，要想恢复就很困难，有时甚至是不可逆转的。森林具有涵养水土、储存二氧化碳、栖息动植物群落、提供林产品、调节区域气候等功能。过度砍伐使森林和生物多样性面临毁灭的威胁。森林采伐应不超过其可持续产量。土地利用过度而没有养护就会增加其退化速度。过度放牧、乱砍滥伐、开垦草地并进行连续耕作等，会造成植被破坏，地表裸露，加快风蚀或雨蚀。就全世界而言，过度放牧和不适当的旱作农业是干旱和半干旱地区发生荒漠化的主要原因。同样，干旱和半干旱地区用水管理不善，引起大面积土地盐碱化。过度放牧、过度耕作和大量砍伐森林是土地荒漠化的主要原因。不合理作物种植结构和大规模家禽畜饲养的废弃物等农业生产活动对水环境也产生重要影响。

可见，在农业可持续发展过程中，必然要善于利用环境系统提供的各种资源。随着我国人口数量的不断扩大，农业发展速度不断提高，对各种资源的利用量也在不断增加，但是再生资源的开采量不应超过其生长量（不可再生资源的开采量必须及早考虑其替代品的允许生产量）；废物的排放量不应该超过当地的环境容量，否则就会引起严重的环境问题，甚至会导致环境系统的崩溃。

生态农业是根据生态学、经济学、生态经济学等原理，应用现代科学技术成果和现代管理手段进行生产经营，以获取良好经济效益、社会效益、生态效益的现代农业体系。它吸收传统农业的精华、借鉴现代农业的生产经营手段，以可持续发展为基本指导思想，以经济效益、社会效益、生态效益的高度协同增进为目标，以先进科学技术和现代管理方法为支撑，以市场机制和有关法规为调控手段，实现农业经济系统、农村社会系统、自然生态系统的同步优化。西方发达国家对单一生态农业的研究较少，主要是以具体农牧场实践为主，而理论研究则注重于生态系统的组成成分细节分析及机制研究等方面。采取的生态技术主要有立体种养、作物轮作、秸秆还田、增施有机肥和绿肥、生物防治等。这些生态技术在我国传统农业中早已普遍采用，而涉及跨部门跨产业的耦合生产模式及内部发展机理研究仅仅处于萌芽状态。

国内对生态农业的研究主要以实证分析为主。赖亚兰（2001）考察了三峡库区的农业发展，作为单一产业，生态农业遇到一些问题：农民素质太低阻碍发展，农户超小规模经营削弱其追求先进技术的动力，基础设施落后阻碍农户参与发展，农户与政府间存在利益目标差异等。皮立波（2001）发现城市农业发展也存在很多障碍：城市化带来的可耕种土地减少、污染排放增加等负面影响，农业空间结构不合理，农业产业结构不合理，农业市场范围狭窄，成本—效益比高，农业科研与推广力量薄弱，农业社会化服务与保障体系不健全，观光农业层次低，等等。

2.3 农业、旅游业发展中的环境承载力研究

2.3.1 农业发展中的环境承载力研究

以可持续为目的的产业发展离不开对环境承载力的研究。

农业资源包括农业自然资源、农业环境和社会经济资源。因此，农业承载力不仅可以研究农业自然资源（如土地资源、水资源等）和环境资源的承载力，还要考虑对农业资源利用系统整体的影响，从全方位考虑农业资源利用状况，使农业资源利用系统总是处在动态平衡状态，保证农业资源可持续利用的实现和人类的可持续发展。

在我国，最初的农业环境承载力概念起源于1992年的《福建省湄洲湾开发区环境规划综合研究》，归纳起来有两类：一种是指环境对污染物的容纳能力即环境容量研究；另一种是指一定时期、一定环境状态下，某一区域环境对人类社会经济活动支持能力的阈值。

农业环境承载力主要包括三方面内容：首先是环境标准，以便满足一定生活质量水平；其次是可容纳污染物的数量即环境容量；三是在满足前两者条件下，可支撑的经济规模和人口数量，而这又要取决于人类生产活动方式。因此，农业环境承载力大小取决于环境标准、环境容量和人类生产活动方式。

（1）环境标准。

环境标准是指由政府有关部门制定的强制性环境保护技术法规，是环保政策的决策结果和环保立法的重要部分。其目的是为了保护人体健康、社会物质财富，维护生态平衡，保护土壤、水和大气等农业环境。它是根据环境保护标准体系保护和改善环境质量、有效控制污染源排放，为获得满意的经济和环境效益，由环境保护权力机构全面规划、统一协调、统一组织指定的一系列环境保护标准的总称。如大气环境保护标准体系、水环境（地下水、地面水和海洋）保护标准体系和土壤环境保护标准体系等。根据环保标准内容，有环境质量标准、污染物排放标准、环保基础标准和环境保护方法标准等。

（2）环境容量。

环境容量的概念最早是由比利时数学生物学家弗里斯特（P. E. Forest）根据马尔萨斯的人口论提出的，他认为生物种群在环境中可以利用的食物量有一个最大值，动物种群的增加相应也有一个极限值，种群增长越接近这个极限值，增长速度越慢，直到停止增长。这个极限值在生态学中被定义为"环境容量"。该理论随后被应用到人口研究、环境保护、土地利用、移民等领域（陈述彭，1992）。国内外关于环境容量的定义很多，例如：环境容量是污染物允许排放总量与相应的环境保护标准浓度的比值；环境容量是指环境自净同化能力或环境所能容纳的污染物的最大负荷量；环境容量是环境标准和本底值确定的基本环境容量和自净同化能力确定的变动环境容量之和；等等。

（3）人类生产活动方式。

因为农业环境承载力主要是针对污染物而言，所以，这里谈到的人类活动方式主要是指与污染物排放有关的生产工艺、环境保护措施等。不同生产方式产生的污染物数量甚至成分都会有所不同。即使在相同生产方式下，是否采用环境保护措施，采取什么样的环保措施也直接关系到污染物的排放量，也就关系着农业环境承载力的大小。一般情况下，通过环境标准、环境容量和人类活动方式就可确定特定的农业资源利用系统的环境承载力。反之，这几个要素若发生改变，就会使环境承载力的大小发生变化。因此，在不能改变环境要素容量和标准时，提高环境承载力最有效的方法是采用清洁工艺，减少废弃物排放量。

2.3.2　旅游业发展中的环境承载力研究

简单地说，旅游地环境承载力（tourism environment carrying capacity，TECC）就是指一个点，超越了这个点后再增加旅游强度，将会对自然环境和旅游者经历造成不可容忍的破坏（Getz，1983；O'Reilly，1986）。旅游承载力主要受两种因素的影响：即旅游者的特征、目的地地区及其人口特征。旅游者特征包括旅游者社会经济变量和旅游行为特征，如年龄、收入、性别、花钱的可能性、出游动机、态度与期望、民族和种族背景、行为模式、旅游设施使用水平、游客密度、停留时间、旅游活动类型、游客满意度等，还需要考虑可使用面积、环境脆弱度、野生动物资源、地形和植被、动物对观光者的不同敏感度等环境因素。这些因素将对目的地的自然特征、对当地人的相互作用的规模、频率和类型产生影响。目的地地区特征包括自然环境结构及其过程、经济结构与经济发展、经济结构与组织、政治组织和旅游发展的水平等。由此可见，在考察旅游的影响时，必须认识到承载力在旅游者与资源之间所起的轴心作用。显然，资源的特征（包括自然特征、开发水平、社会结构等）非常重要，因为它决定了旅游地对旅游和旅游开发所能承受的强度（Mathieson and Wall，1980）。

（1）国外旅游环境承载力问题相关研究。

20 世纪 60 年代，由于旅游的大众化发展，成千上万的旅游者涌向旅游地，导致部分旅游地拥挤不堪，不仅旅游者不满意，而且旅游资源和生态环境也遭受了破坏。对此，拉佩奇（Lapage）认为一定时间内某一旅游地接待的游人数量应该有一定的限度，以保证旅游环境质量水平，使绝大多数旅游者满意，并首先提出了旅游环境容量的概念。随后，美国学者瓦加尔（Wagar，1964）指出，旅游环境容量是一个旅游地能够长期维持产品品质的旅游活动量。

总体上看，20 世纪 70 年代以前，由于缺乏深入的考察和当时社会背景的局限，旅游环境承载力问题未受重视。对此，生态学者斯特里特警告说：旅游应维护旅游环境场所的质量，避免破坏舒适的气氛和野生动物。到目前为止，学界对于旅游资源生态的、物质的、经济的和感知的容量几无研究，令人惊讶。此后，关心旅游环境承载力问题的人逐渐增多。20 世纪 70 年代国外对旅游环境承载力的研究主要采用观察试验、设计图表、案例调查等方法，目的是实现旅游环境承载力的量化价值。欧美国家土地利用专家选择一些典型地区，探讨资源地（resource base）开展旅游活动时其旅游环境承载力的估算问题，他们在计算旅游地自然环境容量（physical capacity of land）的方法和手段方面较先进。

到了 20 世纪 80 年代，全球有更多的机构和学者开始研究旅游环境承载力问题。对此，斯坦基（Stankey，1980）提出了旅游环境承载力研究应遵循的三个原则：第一，首要的关注点应该放在控制环境影响方面，而不是控制游客人数方面；第二，应淡化对游客人数的管理，只是在非直接管理的方法行不通时，再来控制旅游者人数；第三，准确地监测指标数据是必要的，这样可以避免规划的偶然性和假设性。斯坦基的贡献在于他将人们从当时计算环境承载力的"数字泥潭"中拉了出来，重新审视环境承载力要解决的本质问题。世界旅游组织（WTO）分别于 1980～1981 年和 1982～1983 年进行了"度假地饱和""度假地饱和或超过承载力的风险"等课题的研究工作。马蒂森和沃尔（Mathieson and Wall，1980）从环境和体验的角度考察了旅游环境承载力，认为旅游环境承载力是在对自然环境未造成不可承受的变化和对旅游者的体验质量未造成不可接受的下降的前提下，允许使用一个地点的最多游人数量。道格拉斯·皮尔斯（Douglas Pearce，1989）认为，旅游环境承载力实际上是旅游者、旅游资源和旅游地之间的一种关系，他将旅游环境承载力分为物质承载力、生态承载力和心理承载力三个部分。爱德华·因斯韦恩（Edward Inskeep，1989）认为旅游环境承载力包含两层含义，一种是旅游业的接待能力（如旅游基础设施的规模），另一种是环境的承受能力。最值得一提的是，美国国家林业局的专家们于 20 世纪 80 年代在旅游环境承载力研究中提出了 LAC 理论（limits of acceptance change），它以一套九步骤的管理过程来代替单纯的"承载力计算"，该理论至今广泛应用于美国、加拿大、澳大利亚等国家的旅游地保护与管理之中，在解决资源保护和旅游发展之间的矛盾方面取得了较好的效果。

进入 20 世纪 90 年代后，随着旅游业的蓬勃发展，旅游环境问题日益突出，旅游环境承载力再次成为旅游研究热点。埃利奥·卡内斯特雷利和保罗·科斯塔（Elio Canestrelli and Paolo Costa，1991）、菲利普斯（Phillips，1992）、德林·戴维斯和克里姆·蒂塞尔（Derrin Davis and Clem Tisdell，1995）、克雷格·林德伯格和斯蒂芬·麦考尔（Kreg Lindberg and Stephen McCool，1997）均对旅游环境承载力定义进行了修正。米奇科夫斯基（Mieczkowski，1995）在总结了大量研究成果的基础上，提出旅游环境承载力概念的建立需要满足三个条件：一是不降低自然环境质量；二是不降低游客所感觉到的旅游经历本身的质量以及旅游活动参与者满意的程度；三是不会伤害当地居民的幸福程度，即不超过当地居民所能忍受的旅游对目的地的影响的最大水平。

近年来，随着对旅游环境承载力研究的不断深入，国外学者普遍相信实施有效的管理措施可以提高旅游环境承载力，借助计算机技术研究旅游环境承载力计算模型也日益受到重视。亚力克西斯·萨维里亚德斯（Alexis Saveriade，2000）对社会环境承载力进行了专题论述，他认为旅游业的过剩发展可能导致社会、文化的破坏，社会环境承载力虽不是固定的，但可以通过有效的管理手段达到。"旅游者数量"是旅游环境承载力研究的核心，限制"旅游者数量"是旅游环境承载力多种待选管理手段中极其关键的一种，但托尼·希尔弗（Tony Prato，2001）认为，旅游环境承载力不是以旅游者的数量为衡量标准，而是以自然资源和人类可接受的影响为衡量标准，并引入 AEM（adaptive ecosystem management）和 MASTEC（multiple attribute scorning test of capacity）技术作为空间决策的支撑工具和应用模型体系，以消除旅游活动带来的不利影响。劳森等（Lawson et al.，2003）应用计算机模拟模型对 Arches 国家公园的社会环境承载力进行了监测，并提出了相应的管理对策。费尔南多·加里戈斯等（Fernando Garrigos et al.，2004）对旅游环境承载力存在的共性问题进行了研究，通过对 Hengistbury Head 的旅游环境承载力的实证分析，提出了调节该地区旅游环境承载力的有关措施。伊哈卜·穆罕默德·沙兰（Ihab Mohamed Shaalan，2005）认为，旅游环境承载力与可持续发展理论联系密切，它是旅游可持续发展的中心议题，通过分析旅游环境承载力的利用程度，可以对旅游目的地的可持续发展进行评估。

（2）国内旅游环境承载力问题相关研究。

与发达国家相比，我国旅游业起步较晚，关于旅游环境承载力的研究相对滞后。国内对旅游环境承载力的研究最早可追溯到 20 世纪 80 年代初，在继承国外先进研究成果的基础上，国内旅游环境承载力的研究已经呈现出从定性分析到定量研究、从单一性分析到综合性研究的发展趋势。

作为国内最早探讨旅游环境容量问题的学者，赵红红（1983）将旅游环境容量定义为一个风景点、风景区，乃至一座风景城市这样特定的环境中，在一定时间内所容纳的旅游者密度的上限。赵红红关于旅游环境容量的研究虽然仅仅局限于旅游资源空间容量方面，在旅游环境容量的计算方法上也较为单一，但她开启了国内旅游环境容量定性和定量研究的先河。随后刘振礼和金键（1985）、汪嘉熙（1986）、保继刚（1987）、丁文魁（1988）、楚义芳（1989）等均对旅游环境容量作了概念上的探讨和计算上的尝试。

进入 20 世纪 90 年代，国内关于旅游环境承载力的理论探讨方兴未艾，相关研究成果开始在旅游开发规划和管理中得到应用。以系统论相关理论研究旅游承载力成为主流。郭来喜和保继刚（1990），冯孝琪（1991），崔凤军（1995），胡炳清（1995），明庆忠、李宏、王斌（1999）等学者对构成旅游环境承载力的各分量特征进行了充分的理论与实证研究。随后，崔凤军和刘家明（1998）还对旅游环境承载力的内涵及构成做了进一步探讨，分析了影响旅游环境承载力的社会—文化环境、社会—心理环境和社会—经济环境，构建了旅游环境承载力指数和运算模型，在这个系列的模型构建中，刻画出影响旅游承载力的三个主要因子——游客密度指数、旅游经济收益指数、土地利用强度指数，并据此构造出旅游承载力；他们提出了旅游环境容量新的概念体系，认为旅游环境容量是由自然旅游环境容量、经济旅游环境容量和人文旅游环境容量组成。

近年来，随着旅游业的蓬勃发展和环境保护意识的日益增强，对旅游环境承载力的研究也更加深入。刘玲（2000）对前人的工作进行了总结，在对旅游环境承载力的基本理论进行分析的基础上，从旅游六要素出发建立了旅游环境承载力的概念体系和指标体系，并以黄山为例进行了实证研究。赵黎明、黄安民、张立明（2002）认为，旅游环境容量是指旅游景区的生态系统在保持其生产能力、适应性和再生能力的同时还能支持一个健康发展机制的能力，并指出旅游景区因地域、季节、时间、开发利用者的行为、设施的设计、设施的类型和管理水平的不同，环境容量也不同。文传浩和杨桂华（2002）针对我国自然保护区发展状况，在分析了自然保护区旅游环境承载力各影响因素的基础上，构建了自然保护区生态旅游环境承载力的评价指标体系。全华（2002）指出，不同的环境因子，其脆弱性不同，基于其承载力的生态旅游环境容限值也不同，根据最低量定律，旅游环境生态容限值的大小往往受限于旅游环境容限值最小分容限值，该分容限值决定了整个旅游环境生态容限值。杨锐（2003）阐述了从环境容量理论到 LAC 理论的发展历程，介绍了 LAC 理论的步骤和衍生技术方法，并且尝试将 LAC 理论应用到国内部分风景名胜区的规划设计中，为中国旅游开发规划与管理提供了新的方法和途径。王剑和彭建（2004）指出，通过对旅游环境承载指数（即旅游环境承载率）的计算和分级，一方面可以对旅游地的开发规划方案做初步的评价，另一方面可以对旅游开发引起的旅游环境承载力的利用状况（弱载、适载、超载）进行调整，进而达到基于旅游环境承载指数的旅游开发规划优化设计的目的。杨秀平和翁钢民（2005）在对旅游环境承载力的概念及内涵进行分析的基础上，认为旅游环境承载力的大小随时间和季节的变化而动态波动，因此旅游环境承载力测量模型的构建需要考虑时间或季节因素的影响。为避免或减少旅游环境承载力超载和弱载给旅游景区环境系统带来的危害，翁钢民、赵黎明、杨秀平（2005）界定了旅游景区环境承载力预警系统的内涵，分析了旅游景区环境承载力预警系统的运作模式，建立了旅游环境承载力预警系统的指标模块、权重模块、预测模块和警戒区间模块，并探讨了完善旅游景区环境承载力预警系统的相关对策。

2.3.3 小结

农业环境承载力大小取决于环境标准、环境容量和人类生产活动方式。而旅游环境承载力主要包括自然、生态以及社会心理容量。

从一定程度上说，量化农业、旅游业发展对产业经济、环境和社会的影响的困难加大了对产业影响进行评估的难度。而新型的农旅产业耦合模式，特别是生态农旅行业（比如森林生态旅游、深海生态旅游、农家乐、观光旅游），将大大加强对旅游业和农业的合理规划和管理，并控制其发展稳定地处于可持续的旅游路径上。而控制的问题仍然是与承载力密切相关的，它将产业"控制"在满足一定强度的范围内，通过完整产业链条上下游产业的互补协助，产生合理的资源配置，结合适当的政府行政管理，将使得产业快速发展而不会出现环境质量下降。但需要强调的是，这样的新型合作需要多部门跨行业的耦合互动，毕竟在这个多元化的社会里，利益相关者（包括消费者、开发商、规划师、环境主义者、当地居民等）之间的争端与紧张都将最终决定产业的发展水平。

此外，需要指出的是，虽然旅游环境承载能力对旅游地区的发展影响巨大，但是，从产业经济学的角度，较之农业发展不同，旅游行业虽然同样受到水土资源、矿产资源、环境容量、地质结构等"先天性"因素的制约，但通过技术手段解决这些因素制约的能力更强；而合理的规划方案（通过土地置换增加建设用地）、运用环保技术提高环境容量、技术革新提高资源利用率、产业发展结构和水平调整、社会保障、基础设施等"后天性"因素对城市旅游行业发展潜力的影响更大，或者说更容易成为制约旅游行业发展潜力的瓶颈。相比之下，农业的发展约束更具有刚性。

2.4　产业耦合相关理论研究

在决定是否进行产业耦合和选取哪些产业进行耦合的问题上，存在着两个需要考虑的方面：一是区域经济发展趋势；二是产业结构演化和产业区位研究。

目前学术界存在两大对立的区域经济发展理论：一是赖宾斯坦的临界最小努力命题论、纳尔森的低水平陷阱论、罗森斯坦·罗丹的大推进论和纳克斯的贫困恶性循环论和平衡增长理论等具有代表性的区域均衡理论，该理论一致认为各区域的经济发展水平将趋于收敛，因此，必须实施全面的投资计划，多部门共同发展，才能使投资由不经济转变为有利可图；区域均衡理论主张在区域内均衡布局生产力，空间上均衡投资，各产业齐头并进，均衡发展。二是非均衡发展理论，包括默达尔（Myrdal）的循环累积因果论、赫希曼（Hirschman）的不平衡增长论、佩鲁（Perroux）的增长极理论、弗里德曼（Friedman）的中心外围论、弗农（Vernon）的区域经济梯度推移理论和威廉森（Williamson）的倒 U 形理论。

对产业结构演化理论和产业区位理论的研究包括：罗斯托（Rostow）认为无论在任何时期，甚至在一个已经成熟并继续成长的经济体系内，经济增长之所以能够保持，是因为为数不多的主导部门迅速扩大的结果；赫希曼（Hirschman）通过分析产业间的前向关联、后向关联以及关联效应，说明一个产业通过关联对其他产业部门产生直接和间接的影响，从而导致产业结构的变动；筱原三代平明确提出主导优势产业选择基准（即需求收入弹性基准与生产率上升率基准），并认为主导优势产业应选择需求收入弹性系数高的产业。产业区位理论包括优势区位理论（农业区位论）、比较优势理论（the theory of comparative cost）、资源禀赋论 H－O 模型和新经济地理论。新经济地理论从运输成本的降低及由此所引起的聚集经济、递增收益、规模经济、外部性或者说溢出效应等角度探讨区域经济增长模式等问题。关于外部性，克鲁格曼（Krugman，1991）在《递增收益与经济地理》中通过一个简单的模型说明一个国家或区域为实现规模经济而使运输成本最小化，从而使得制造业企业倾向于将区位选择在市场需求大的地方。关于规模经济、聚集和产业群，格尔斯巴赫和史摩兹拉（Gersbach and Schmutzler，1982）通过模型探讨了存在产业外部与内部外溢效应条件下的生产与产品创新的地理分布，以及对产业聚集的影响，认为递减的联系成本支持产业的聚集。

根据对已有学术资料和相关文献的梳理，加上对三峡库区现实发展情况的分析，我们认为三峡库区经济均衡发展是暂时的，非均衡发展才是三峡库区经济发展的基本规律。并且，从产业经济学的角度看，生态旅游业和生态农业存在协同演化关系。可以通过"以农哺旅"解决旅游业发展中的一些制约因素，如旅游基础设施不完善、旅游促销力度不够、旅游企业缺乏竞争力、对外开放程度低、旅游资源可持续利用问题、旅游季节性等；还可以通过"以游助农"解决社会主义新农村发展进程中遇到的一些障碍，促进农业产业化发展，提高农民收入水平，提高农民素质，缩小城乡差距，促进环境保护，促进农村经济社会协调发展，促进人与自然和谐发展，推进农村相关产业间的和谐等，完全可以通过对旅游业和农业的耦合，消除各自产业在发展道路上的障碍。因此，作为对经济社会发展和对外开放具有先导作用和强关联带动作用的产业，生态旅游业是我国西部地区实现资源环境和社会经济协调发展的最佳结合点，其对经济发展的高贡献和与日俱增的旅游市场前景，将在西部大开发中发挥特殊作用，成为真正"兴西富民"的支柱产业和最具活力的经济增长点。本书提出利用生态农业与生态旅游业的耦合系统来实现规模经济和可持续发展经济，通过两大支柱（主导）产业实现对库区整体经济增长的强力拉动。

2.5　最优控制理论在区域产业经济增长、资源环境经济学中的应用

最优控制理论在环境经济学、资源经济学和产业经济学领域的应用颇丰。卡米恩和施瓦茨（Kamien and Schwartz，1991）、蒋中一（Chiang，1992）、哈特威克和奥莱维勒（Hartwick and Olewiler，1998）、安德森（Anderson，1991）的相关文献对最优控制理论进行了经典的刻画和描述。达斯古普塔和赫尔（Dasgupta and Heal，1979）、赫尔（Heal，1981）、鲍莫尔和奥茨（Dasgupta and Oates，1988）、科尔斯塔德和克劳特克拉默（Kolstad and Krautkraemer，1993）对有效率的最优资源退化理论进行了高水平的阐述。巴比尔（Barbier，1989）、诺德豪斯（Nordhaus，1982）将最优控制理论应用于温室效应方面的研究。由此可见，对于基于复杂约束条件下的多产业系统耦合发展，最优控制理论是一种实用高效的分析工具。

2.6　对基于资源消耗和环境约束下的产业耦合系统发展及其影响因素研究

2.6.1　资源约束对产业发展的影响研究

国外在这个领域的研究，最开始主要集中在关于资源的获取方式、资源的质量状况、技术进步和人力资本积累对产业的影响、废弃物对生态系统的影响以及生态系统影响生产能力的方式方法等。达斯古普塔和赫尔（Dasgupta and Heal，1974）、索洛（Solow，1974）、斯蒂格利茨（Stiglitz，1974）等通

过假设经济系统的生产函数来描述和刻画上述问题，为稍后相关领域取得进一步进展提供了框架式的思路和指导。达斯古普塔（Dasgupta，1993）分析了资源在产业发展中的各种替代可能性，提出了技术进步、可耗尽资源的综合利用方式、可再生资源的综合利用方式等对产业发展的影响。达尔奇（D'Arge，1973）、肯普和范龙（Kemp and Van'Long，1980）、梅勒（Mäler，1974）从经济学的角度详细地描述了不同类型资源在产业中不同的利用情况，以及对社会和整个经济系统的投入产出造成的不同影响。拉德茨基和范·杜伊恩（Radetzki and Van'Duyne，1985）研究了再生资源对经济产出的影响。布格林（Beukering，2001）、布格林等（Beukering et al.，2000）、布格林和兰德尔（Beukering and Randall，1998）、布格林和夏尔马（Beukering and Sharma，1998）、蒂维塔（Di'Vita，2001）、格雷斯等（Grace，1978）、里奇等（Rich，1999）在宏观经济框架下评估了废物的循环再利用对资源消耗性产业的最终经济产出的经济效益影响。卢卡斯（Lucas）刻画了资源消耗中的人力资本积累的动力学模型，并阐述了技术进步和人力资本积累对资源消耗的影响。卡尔科特和沃尔斯（Calcott and Walls，2000）、艾克纳和彼锡格（Eichner and Pethig，2000）讨论了资源的完全替代对产业发展的影响，而拉德茨基和范·杜伊恩（Radetzki and Van Duyne，1985）、布隆伯格和赫尔默（Blomberg and Hellmer，2000）、布格林等（Beukering et al，2000）讨论了资源的不完全替代对产业发展的影响。阿德尔曼（Adelman，1990）研究了石油消耗生态学中的污染问题。

国内的相关研究主要有：焦必方（2002）将环境作为经济增长的内生变量，构建了环保型内生经济增长理论。范金（2000）构建了基于广义资本的最优经济增长模型，并得出一条最优增长路径。刘朝马等（2001）考察了采矿行业，将矿产资源的勘探和发现引入最优耗竭理论，建立以全社会利益最大化为目标的矿产资源的最优利用模型，并应用动态最优化理论中的 Pontryagin 最大值来获得矿产资源的最优利用条件，实现资源的可持续利用。魏晓平、王新宇（2002）根据非再生资源的最佳开采条件、最佳存量条件，以资源的价值为中心，以需求、供给为影响因素，对矿产资源的耗竭构成进行经济分析。芮建伟等（2001）根据 Hotelling 模型建立了同时考虑资源开发过程中开采和勘探两方面因素的资源价值动态经济评价模型。谢正磊等（2005）利用非线性理论建立了可再生资源的二次非线性收获动力学模型。雒志学等（2003）利用 Pontryagin 极大值原理研究了污染环境中可再生资源的最优分配方案。

2.6.2 环境和污染约束对产业发展的影响研究

蒂滕贝格（Tietenberg, 1992）广泛地对各种污染类型进行了描述，但并没有过多地注重对污染的经济分析。费希尔和彼得森（Fisher and Peterson, 1976）、克拉彼尔和奥茨（Cropper and Oates, 1992）、布罗姆利（Bromley, 1995）对产业发展中污染的约束问题进行了分析。关于污染存量的原始出处源于普莱德（Plourde, 1972）和福斯特（Forster, 1975）。康拉德和奥尔森（Conrad and Olson, 1992）对长岛 Aldicarb 进行了案例分析。佩泽（Pezzey, 1995）归纳总结了环境容量与环境承载力方面的研究文献，塔瓦宁（Tahvonen, 1995）据此进行了实际应用。福斯特（Forster, 1975）讨论了可变衰减速率的存量污染模型。克鲁普尼克（Krupnick, 1986）研究了巴尔的摩地区的最优成本控制问题。科尔斯塔德（Kolstad, 1987）研究了当经济效率要求对污染源实行差别收费时却实行统一收费造成的效率损失。约根森和威尔康森（Jorgensen and Wilconxen, 1990）分析了美国环境管理对经济增长的影响。哈恩（Hahn, 1989）、奥普乔和沃斯（Opschoor and Vos, 1989）均对基于产业和市场下的污染控制手段进行了模型刻画和分析。莱安德里（Leandri, 2009）重点研究了最优污染控制中的环境承载力的影子价格问题。

2.6.3 对特定地区特定区域尺度的经济模型研究

克斯坦萨等（Costanza et al., 1993）、沃伊诺夫等（Voinov et al., 1999）以及布曼等（Boumans et al., 2001）建立了马里兰 Patuxent 流域的生态经济模型，从景观角度出发，采用系统动力学方法模拟流域周围土地利用格局的变化以及区域社会经济行为背景下自然动态，在研究自然系统服务和功能的时空分配和与人类社会相关的流域周围的土地利用和人口的分布的同时，分析交互的生态和经济因子的变化对流域周围的景观演替格局的影响。图姆

（Tume）等提出了整合的湿地研究框架，联合经济价值、整合模型、风险承担分析、多标准评价，为可持续和福利优化的湿地管理与政策的制定提供了互补的视角。埃德和纳罗德斯拉夫斯基（Eder and Narodoslawsky，1999）建立投入产出模型分析区域经济的生态可持续性，评价由区域或者个人的产业或其他活动引起的环境压力。中村（Nakamura，1999）扩充了里昂蒂（Leontie）和杜钦（Duchin）的投入产出模型，分析了区域废物回收的经济和环境影响，情景分析的结果表明，废纸回收不仅减少了废品的数量，而且减少了二氧化碳的排放量。

2.6.4 对基于资源、环境约束下的产业耦合系统中各资源的有效管理和利用模型的研究

有关农、林、牧、渔等产业的资源、环境的有效管理和利用的耦合模型在以往的研究中显得尤为重要。考夫曼（Kaufmann，2001）提出的气候变化与粮食生产的跨学科模型，表现了气候、经济政策和技术、人口变量对谷物生产的影响。格拉索（Grasso，1998）运用动态优化模型和模拟模型建立海岸红树林生态系统中森林和渔业生产之间关系的生态经济模型，并研究两个模型方法在解决红树林资源使用问题时的融合和交叉。李哈滨等（Harbin Li et al.，2000）认为森林资源可持续利用的管理要求将经济和生态目标耦合起来，他们建立景观评价模型，从经济和生态两个视角评价关于木材生产和野生生物栖息地管理活动影响的选择性的管理策略，模拟在不同的管理情景分析下森林的动态变化。巴赫（Bach，1999）在包括木材开采的生物和经济含义的整合框架内建造优化控制理论模型，评价通过使用经济激励降低伐木搬运业影响的不同政策选择。贝尔特等（Belt et al.，1998）建立评价巴格塔利亚海岸带生态与经济相互联系的管理规划模型，表明渔业模块在未来40年内的总净价值的变化，提出了旅游模块在未来将超过渔业的价值。赞德等（Zander et al.，1999）设计了包含农民个体、社会经济以及生态等多目标的农业生态管理决策支持模型，关注自然保持和环境保护与农业生产之间的关系，其核心是一个多目标线性规划模型，用于经济和生态目标耦合的农业可持续发展

的土地利用方式选择，能够模拟在农田层次上政治和经济条件对土地利用方式决策的影响，以及在区域尺度上生产技术的经济和生态目标之间的平衡。马拉范特和福德姆（Malafant and Fordham，1999）针对澳大利亚的南澳大利亚州灌溉农业的未来，开发将生物物理、生产和社会经济模型联系起来的情景模拟模型框架。威尔等（Wier，et al.，1999）建立了评价农业政策措施实施结果的经济和环境的整合模型，包含经济、农业和环境影响评价三个不同的子模型、有关农业系统可持续性的生态经济整合模型、有关林业生态经济系统管理的模型等。

3 产业耦合系统中资源的最优利用

3.1 封闭产业系统发展模型

从系统视角看，产业是指由自然资源子系统、人口子系统、市场子系统、环境子系统（主要包括污染物的监测、计算、分析、预测与控制）、政府监管和制度子系统等诸多子系统构成的集合。可以用式（3.1）表示：

$$产业系统 = X_i | i = 1,2,3,4,5 \cdots, n \qquad (3.1)$$

其中，X_i 表示产业系统的不同子系统，如 X_1 表示自然资源子系统，X_2 表示人口子系统，X_3 表示市场子系统，X_4 表示环境子系统（主要包括污染物的监测、计算、分析、预测与控制），X_5 表示政府监管和制度子系统。

在不同时期下，不同产业、不同子系统的发展速度是不同的，其计算式如下：

$$\frac{dX_i}{dt} = f_i(X_1, X_2, X_3, X_4, X_5, \cdots) \qquad (3.2)$$

如果 $f_i(X_1, X_2, X_3, X_4, X_5, \cdots)$ 中，f_i 为线性函数，则产业系统是线性系统；如果至少有一个是非线性函数，则表示产业系统为非线性系统。线性与非线性可用叠加原理来判断或表示。如果各变量之间的影响是可加的，则表示系统是线性的，反之则表示是非线性的。由于产业耦合中，各变量之间的关系复杂，因此，在进行数学构模时，都假定至少存在着一个非线性函数。

当系统处于平衡状态，与外界没有物质、能量与信息的交换时，其状态可用数学表达式来表示：

$$\frac{\mathrm{d}X_i}{\mathrm{d}t} = 0 \,, f_1 = f_2 = f_3 = f_4 = f_5 = \cdots = 0 \tag{3.3}$$

由此可以得到方程组的解：

$$X_1 = X_1^* \,, X_2 = X_2^* \,, \cdots, X_n = X_n^*$$

由各个子系统构成的封闭系统的变化，可表示为：

$$\frac{\mathrm{d}X}{\mathrm{d}t} = f(X) \tag{3.4}$$

展开泰勒级数有：

$$\frac{\mathrm{d}X}{\mathrm{d}t} = aX + bX^2 + \cdots \tag{3.5}$$

考虑 $\frac{\mathrm{d}X}{\mathrm{d}t} = aX$，得到方程解：

$$X = e^{at}$$

此为一个倒 U 形曲线，产业无限膨胀，与现实中的产业发展不相符。因此，取式（3.5）前二项，考虑到非线性相互关系影响，则有：

$$\frac{\mathrm{d}X}{\mathrm{d}t} = aX + bX^2 \tag{3.6}$$

引入资源、人口或者其他环境约束，可转换为：

$$\frac{\mathrm{d}X}{\mathrm{d}t} = aX(N - X) \tag{3.7}$$

式（3.7）是封闭产业系统的动力学方程，它表示在产业发展初期，产业增长比较缓慢，随着时间推移，会迅速发展，到一定阶段后受到资源等约束条件的影响，发展规模将接近于某一极值。

式（3.7）中，a 是用来刻画系统 X 发展速率的一个系数。当 $a > 0$，表示产业是不断发展的，a 值越大表示系统 X 发展越快，a 值越小表示产业发展越慢；$a<0$，表示系统发展速度是递减的；当 $a=0$ 时，系统发展受到约束变量影响趋于稳定。因此，a 值的突变可反映产业耦合情况。

式（3.7）中，N 为子系统中的自然资源、人口、污染水平等约束变量的阈值或潜在的最大市场量。当 N 由 0 逐渐增大时，或者意味着农业与旅游业发生耦合，共享了双方的资源、人口、污染水平；或者意味着耦合后的市场中出现了新的交叉产品或服务，产业产值在扩大；或者上述两种情况兼而有之。因此，在研究耦合问题时，也可以通过 N 值来反映产业的耦合情况。

3.2 产业耦合系统发展模型基本概念

3.2.1 开放产业系统的基本概念

具备可持续发展特征的生态农业（eco-agriculture）和生态旅游业（eco-tourism）是对当前我国传统农业和旅游业的升级转变。生态农业主要是通过农业机械化、土地规模化、技术创新和技术集约化的途径提升农业生产力水平、农产品的原生态水平和农民的收入水平。而生态旅游业提倡摒弃传统旅游业无序无节制地消耗资源，提倡在旅游承载力约束下进行旅游开发，从而提升旅游产品的高品位性、环保性和经济效益。目前，大多数研究都是将这两个产业分开独立研究。迄今为止，生态旅游和生态农业在单独领域已经取得了丰硕的成果，但仍然缺乏对两个产业的协同演化机制研究，缺乏连续性的、系统的动态分析。

农业与旅游业两个产业系统的耦合升级对正处在经济转型时期的三峡库区是十分必要的。三峡库区具备实现跨越式发展的巨大资源，但随着三峡工程完工，也出现了一系列有待解决的新农村建设问题。首先，库区具有发展生态农业得天独厚的优势。远离工业密集区，土壤、空气等很少被污染，生物多样化，种群间制衡机制完备。其次，库区也具备发展生态旅游业的区位优势，库区位于长江三峡旅游黄金线路的黄金路段上，本身就具备旅游产业

的基础和品牌影响力。因此，完全可以将自然资源优势和生态环境优势通过
生态农业和生态旅游业的强力拉动有效地转化为商品优势和经济优势。而且，
三峡工程的竣工和移民的迁建造成的生态系统脆弱化和产业结构的空心化，
加之库区传统农业耕种背景下的低收入状况，也要求在没有密集工业的现实
情况下必须发展生态农业和生态旅游业耦合的新型产业系统。其研究成果不
仅为三峡库区产业结构调整、经济增长方式转型和库区社会主义新农村建设
提供建议，而且也为其他区域的产业结构调整提供参考。

3.2.2　产业耦合系统间的基本关系

在开放产业系统中，不同产业间的关系基本上分为竞争、互补与不相关
三种。

（1）两个产业间没有相关性。一个产业的发展并不影响到另一产业的发
展，即两个产业间的相关系数为零。在这种情况下，可以把产业看作是封闭
的产业系统，相互之间没有物质、能量与信息交流，相互影响系数为0。

（2）互补关系。如果一个产业的发展可以促进另一产业的发展，则两个
产业间的关系是互补关系。如以农促旅或者以旅哺农。

（3）竞争关系。一个产业的发展会减少或占用另一个产业的资源，从而
引发利益分配和监管上的冲突，削弱对方的发展。如农业与旅游业之间税收
收入的再分配冲突，农业与旅游业之间的区域规划冲突，农业与旅游业之间
基于环境约束下的监管冲突或合谋现象。

3.3　产业耦合系统中资源的最优利用

在前面的开放系统建模过程中，定义了两个封闭系统下的五个子约束系
统，其资源子系统中包含了若干制约系统耦合的资源，如土地、水、大气、
森林、人力资源等，其中，自然资源又包括可再生自然资源和不可再生自然
资源。为了简化模型，在前面的建模过程中仅对资源的耦合过程进行了简要

描述，本章将对不同类型的资源分类刻画耦合中的动态分配过程，并刻画出基于有限资源下的产业耦合过程中的劳动力分配机理。

基于林地资源、劳动力供给与环境约束框架下的农业与旅游业两个产业系统的耦合升级，对正处在经济转型时期的三峡库区的可持续发展有着十分重要的现实意义。三峡库区具备实现跨越式发展的巨大的土地、林地和劳动力资源。首先，库区具有发展生态农业得天独厚的优势。远离工业密集区，土壤、空气等很少被污染，生物多样化，种群间制衡机制完备。其次，库区也具备发展生态旅游业的优势。库区位于长江三峡旅游黄金线路的黄金路段上，森林覆盖率高，原始植物群落景观、风景林景、野生动物栖息地景观、休憩性渔猎地景观等原生态景观种类繁多，本身就具备旅游产业的基础和品牌影响力。最后，库区属于不发达地区，而不发达地区的主要特点是农业从业人员多，大量劳动力滞留在农业上，剩余劳动力富裕。在三峡库区，随着"退耕还林还草"，大量地区面临着一个农业劳动力过剩的问题，除了政策上的劳动人口外迁以外，完全可以将部分用于改善农业生产条件的资金转移到资助农民脱离土地、改变传统耕种职业上去，发展具有市场前景的劳动密集型企业。而生态旅游业正是这样一种以提供劳务商品为主的劳动密集型产业，可以容纳较多的劳动力，相比其他行业提供更多的就业机会，具有突出优势。在广义的概念范畴上，生态旅游将导致一种方式管理所有资源，在这种方式下，在维系文化完整、基本生态进程、生物多样化和生命支持系统的同时，可以满足经济社会与审美的需求。因此，生态旅游业本身就是一个既能保护生态环境，又能促进经济发展的资源节约型和可持续发展的双赢产业，以环境为主要资源，是一个在"人与环境共生"的时代要求中，"产业与环境互利"的库区最优质产业。

然而，库区的资源消耗现行模式却是一个可持续发展路径上的不可回避的问题。首先，传统的农业耕种模式占用了大量的可利用土地资源，越粗放的农业耕种模式对其他产业的土地资源挤兑越严重。当然这个现状并不是库区独有，在全球范围内，很多林业用地不再用作林地，转而用作耕地及永久牧场。从这个意义上说，低级的农业生产很大一部分是以牺牲森林和丧失草地为代价的。此外，为了迅速改变不发达地区的区位条件，凸显农产品的价值，一些地方政府甚至通过砍伐森林隔离带牺牲林地资源来改善交通条件，这种现象在三峡库区的一些区县并不少见。

事实上，从 20 世纪斯德哥尔摩的《人类环境宣言》到里约热内卢的《21世纪议程》，林业发展模式不断推陈出新，相继出现了持续收获林业、集约高产林业、分类经营林业和生态林业。特别是生态林业，这种新模式强调森林的各种价值可以而且应该协调起来，并且要把对森林的生态学价值放在林产品的价值之上，并将持续地维持森林生态的整体性作为森林经营活动的核心位置。生态林业模式认为，森林的价值不仅在于伐林耕种、供应木材，更重要的是发挥森林在维持生物多样化和保护生态环境方面的价值，而这正是生态林业观光旅游业的第一要义；生态林业模式的实质是要求森林处于一种合理的状态之中，表现为合理的结构、功能和稳态及其持续性；此外，生态林业模式还要做到景观和区域，特别是景观的结构和格局，对生物多样性的维持起着至关重要的作用。因此，现在在三峡库区的林地消耗模式显得比较落后，并与可持续的发展思路相违背（赵士洞，陈华，1991；赫尔曼·格拉夫·哈茨费尔，1997）。

在多元化的社会里，行业利益相关者（消费者、生产者、规划师、环境主义者）之间的争端与紧张都将最终决定产业的发展水平，单纯的重点发展生态旅游业或者生态农业既不可取也不现实，那么，在实施三峡库区农业与旅游业的耦合发展过程中，如何实现多产业部门中对林地资源、劳动力资源和地区环境间的有效配置就成为一个亟待解决的问题。

3.3.1　不可再生资源最优配置

可持续的经济增长受到环境、资本、技术等诸多要素投入的影响。下面将构建并刻画资源消耗型产业在环境污染以及技术进步相关的人力资本积累（包括原始资源的二次开发利用和产业污染物的治理）的约束下，实现稳态经济增长的路径，并分析技术进步形成的污染治理和资源回收再利用对产业经济增长的影响。

3.3.1.1 不可再生资源的最优消耗

假设时间区间为无限时间序列，可以得到以下序数效用型社会福利函数：

$$W = \int_{t=0}^{t=\infty} U(C_t)e^{-\rho t}\mathrm{d}t \tag{3.8}$$

考虑资源的不可再生性。资源存量是固定的且为有限初始存量，假设初始资源存量为 S_0，t 时刻资源的开采和使用率为 E_t，则有下面约束条件：

$$S_t = S_0 - \int_{\tau=0}^{\tau=t} E_\tau \mathrm{d}\tau \tag{3.9}$$

转换为微分形式：$\dfrac{\mathrm{d}S}{\mathrm{d}t} = -E_t$，表明资源存量消耗率 $\left(-\dfrac{\mathrm{d}S}{\mathrm{d}t}\right)$ 等于资源的开采和使用率（E_t），其中，$E_t > 0$。

由于产出在消费品和资本之间分配，经济产出中没有被消费的部分将导致资本存量的变化。因此，在连续时间序列上，表述为：

$$\frac{\mathrm{d}K}{\mathrm{d}t} = Q_t - C_t \tag{3.10}$$

考虑基于资源消耗的经济产出主要受到以下五个变量的影响：有形资本 K，人力资本 h，劳动力最终经济产出所消耗的标准化工作时间 l_1（这里的劳动力产出定义为不含人力资本、技术进步积累的原始劳动力终端产出），不可再生资源的消耗率 E，以及对不可再生资源的回收再利用 M。

考虑基于资源消耗的经济活动通过三个方面消耗其投入的劳动力：一是原始劳动力供给下终端产出的时间消耗 l_1；二是原始劳动力衍生出的，以科技进步为标志的人力资本积累上的时间消耗 l_2；三是对不可再生资源的回收再利用所消耗的时间 l_3。则总劳动力为 $l = l_1 + l_2 + l_3$。而这三种资源消耗的方式是可以相互替代的，即 $\sum_{i=1}^{3} \alpha_i = 1$。

考虑环境污染和生态承载能力，经济活动消耗资源产生污染物。污染物存量由以下四个方面所决定：一是经济活动中污染物的排放总量；二是对污染物的回收再利用转化废物产生的二次资源总量（这显然与 l_3 有关）；三是生态环境承载能力范围内的对污染物的自净能力；四是考虑投入成本进行污染的监控和治理。

考虑资源的开采与污染物的减排治理（不包括回收利用）均需要消耗成本，分别定义为 G 和 V_t。对于不可再生资源而言，其开采成本应该随着剩余的有限资源存量趋近于零而以一个不断增长的速度上升。因此开采成本可定义为 $G(E_t, S_t) = \varpi_1 E_t + \varpi_2 S_t^m$，其中 $\varpi_1 > 0, \varpi_2 < 0, 0 < m < 1$。遵循谁污染谁治理的基本原则，污染治理成本从资源消耗所获得的收益中来。一般来说，在稳态的和可持续的经济发展规模上，污染治理投资通常占收益的一个稳定比例，定义 μ 为治理污染的投资占资源消耗的经济产出收益 Y 的比例。因此，污染物减排治理成本可表示为 $V_t = \mu Y = \mu K^{\alpha_1} (hl_1)^{\alpha_2} (E + \pi M)^{\alpha_3}$。

建立基于资源消耗的经济产出函数：

$$Y_t = Q_t = Q(K_t, h_t, l_t, E_t, M_t) = K^{\alpha_1} (hl_1)^{\alpha_2} (E + \pi M)^{\alpha_3} \quad (3.11)$$

其中：$\sum_{i=1}^{3} \alpha_i = 1$；$\pi$ 表示原始资源与回收再利用产生的二次资源间的技术替代程度，$\pi \in (0, 1]$，$\pi = 1$ 表示可以通过技术实现两者间的完全替代，即两种资源在产出上无异，$\pi < 1$ 表示回收再利用产生的二次资源不能完全替代原始资源；E 与 M 的边际产出率不等。

产出函数满足以下几个约束条件：

资本存量的变化情况：

$$\frac{\mathrm{d}K}{\mathrm{d}t} = Q(K_t, h_t, l_1, E_t, M_t) - C_t - (\varpi_1 E_t + \varpi_2 S_t^m)$$
$$- \mu K^{\alpha_1} (hl_1)^{\alpha_2} (E + \pi M)^{\alpha_3} \quad (3.12)$$

人力资本存量的变化情况：

$$\frac{\mathrm{d}h}{\mathrm{d}t} = Bl_2 h, \ B > 0, h(0) = h_0 \quad (3.13)$$

其中，B 表示人力资本积累的产出率系数。

资源存量的变化情况：

$$\frac{\mathrm{d}S}{\mathrm{d}t} = -E_t \quad (3.14)$$

污染存量的变化情况：

$$\frac{\mathrm{d}J}{\mathrm{d}t} = D - M - \gamma D - N(V) \qquad (3.15)$$

其中：J 表示污染物存量；D 表示经济活动中污染物的排放总量；M 表示污染物的回收再利用转化废物产生的二次资源总量；γ 反映稳定生态承载能力下环境自净能力参数，$0 \leqslant \gamma < 1$；$N = N(V),N(V) > 0$，N 表示投入治污费用 V 带来的污染物存量的减少量，考虑在现有的技术条件下治污水平为常数 $z,N(V)$ 可表示为 $z\mu Y$。

考虑在封闭系统中，物质守恒定律决定原始资源的使用和消耗近乎于产生的污染物排放量，因此有 $D = E$。考虑到回收再利用实质上是一个通过消耗劳动力对污染物进行再利用，以减少经济对不可再生资源的依赖并延缓环境恶化的一个技术活动，因此，可以把 M 看作是一个关于 D 和 l_3 的函数。所以：

$$\frac{\mathrm{d}J}{\mathrm{d}t} = D - M - \gamma D - N(V) = E - E^{\sigma_1}l_3^{\sigma_2} - \gamma E - z\mu Y \qquad (3.16)$$

其中，$\sigma_1 + \sigma_2 = 1,0 < \sigma_i < 1,i = 1,2$。

在原始不可再生资源消耗产生污染物并通过回收利用产生二次资源的过程中，长期均衡条件下 $M = Er$，r 反映了原始资源的回收利用效率，由于 $0 < r < 1$，因此 $M < E$，进而得到 $l_3 < E^{\frac{1-\sigma_1}{\sigma_2}}$。

假设一个社会福利效用函数 U 是一个关于消费 C 与污染存量 J 的函数：

$$U = U(C_t,J_t) = \frac{C^{1-\theta} - 1}{1 - \theta} - \gamma \frac{J^{1+\nu} - 1}{1 + \nu} \qquad (3.17)$$

其中，$U_c > 0,U_{cc} < 0,U_J < 0,U_{JJ} < 0$，$\theta$ 和 ν 分别表示消费与污染物存量的边际效用弹性。需要界定的是：此处的 J 是经过回收再利用和环境自我衰减、净化后仍然残余下来的污染物，因此对社会福利效用函数而言是负效应的，而作为可回收利用的那一部分污染物对经济产出和环境是正效应的。

综上，目标函数：

$$\max W = \int_{t=0}^{t=\infty} U(C_t,J_t)e^{-\rho t}\mathrm{d}t$$

$$\text{s. t.} \begin{cases} \dfrac{\mathrm{d}K}{\mathrm{d}t} = Q(K_t, h_t, l_t, E_t, M_t) - C_t - (\varpi_1 E_t + \varpi_2 S_t^m) \\ \qquad\quad - \mu K^{\alpha_1}(hl_1)^{\alpha_2}(E + \pi M)^{\alpha_3}{}_t \\ \dfrac{\mathrm{d}h}{\mathrm{d}t} = Bl_2 h \\ \dfrac{\mathrm{d}S}{\mathrm{d}t} = -E_t \\ \dfrac{\mathrm{d}J}{\mathrm{d}t} = D - M - \gamma D - N(V) = E - E^{\sigma_1} l_3^{\sigma_2} - \gamma E - z\mu Y \end{cases} \quad (3.18)$$

上述模型的现值 Hamiltonian 函数为：

$$\begin{aligned} H_t &= \frac{C_t^{1-\theta} - 1}{1 - \theta} - \gamma \frac{J^{1+\nu} - 1}{1 + \nu} \\ &\quad + \omega_t (K_t^{\alpha_1}(hl_1)^{\alpha_2}(E_t + \pi M_t)^{\alpha_3} - C_t - (\varpi_1 E_t + \varpi_2 S_t^m) \\ &\quad - \mu K_t^{\alpha_1}(hl_1)^{\alpha_2}(E_t + \pi M_t)^{\alpha_3}) + \tau_t(Bl_2 h) + P_t(-E_t) \\ &\quad + \lambda_t(E - E^{\sigma_1} l_3^{\sigma_2} - \gamma E - z\mu Y) \end{aligned} \quad (3.19)$$

对上述现值 Hamiltonian 函数求解，可得：

$$\frac{\partial H}{\partial C} = U_{C_t} - \omega_t = 0 \Rightarrow C^{-\theta} = \omega_t \quad (3.20)$$

$$\begin{aligned} \frac{\partial H}{\partial E} &= U_E + \alpha_3 \omega_t\left((1 - \mu)\frac{Y}{E + \pi M}\left(1 + \sigma_1 \pi \frac{M}{E}\right)\right) - \omega_t \varpi_1 \\ &\quad - P_t + \lambda_t\left(1 - \sigma_1 \frac{M}{E} - \gamma - z\mu\alpha_3 \frac{Y}{E + \pi M}\left(1 + \sigma_1 \pi \frac{M}{E}\right)\right) = 0 \end{aligned}$$

$$\begin{aligned} \Rightarrow P_t &= -\gamma J^\nu\left(1 - \sigma_1 \frac{M}{E} - \gamma - z\mu\alpha_3 \frac{Y}{E + \pi M}\left(1 + \sigma_1 \pi \frac{M}{E}\right)\right) \\ &\quad + \alpha_3 \omega_t\left((1 - \mu)\frac{Y}{E + \pi M}\left(1 + \sigma_1 \pi \frac{M}{E}\right)\right) - \omega_t \varpi_1 \\ &\quad + \lambda_t\left(1 - \sigma_1 \frac{M}{E} - \gamma - z\mu\alpha_3 \frac{Y}{E + \pi M}\left(1 + \sigma_1 \pi \frac{M}{E}\right)\right) \end{aligned} \quad (3.21)$$

$$\frac{\partial H}{\partial l_1} = 0 \Rightarrow \frac{\alpha_1 \omega(1 - \mu)Y}{l_1} - \frac{\alpha_1 \lambda z\mu Y}{l_1} = 0 \quad (3.22)$$

$$\frac{\partial H}{\partial l_2} = 0 \Rightarrow \tau_t Bh = 0 \tag{3.23}$$

$$\frac{\partial H}{\partial l_3} = 0 \Rightarrow \frac{\omega(1-\mu)\alpha_2 Y}{l_3} - \lambda_t \left(\frac{\sigma_2 M}{l_3} + \frac{z\mu\alpha_3 \sigma_2 \pi Y M}{l_3(E+\pi M)} \right) = 0 \tag{3.24}$$

$$\frac{\mathrm{d}\omega}{\mathrm{d}t} = \rho\omega - \frac{\partial H}{\partial K} = \rho\omega - \omega\alpha_1 \frac{(1-\mu)Y}{K} + \lambda z\mu\alpha_1 \frac{Y}{K} \tag{3.25}$$

$$\frac{\mathrm{d}P}{\mathrm{d}t} = \rho P - \frac{\partial H}{\partial S} = \rho P + \omega\varpi_2 m S^{m-1} \tag{3.26}$$

$$\frac{\mathrm{d}\tau}{\mathrm{d}t} = \rho\tau - \frac{\partial H}{\partial h} = \rho\tau - \frac{\alpha_2 \omega(1-\mu)Y}{h} - \tau Bl_2 + \frac{\lambda z\mu\alpha_2 Y}{h} \tag{3.27}$$

$$\frac{\mathrm{d}\lambda}{\mathrm{d}t} = \rho\lambda - \frac{\partial H}{\partial J} = \rho\lambda + \gamma J^v + \gamma\lambda \tag{3.28}$$

$$g_\omega = \frac{\frac{\mathrm{d}\omega}{\mathrm{d}t}}{\omega} = \rho - \alpha_1 \frac{(1-\mu)Y}{K} + \frac{\lambda z\mu\alpha_1 \frac{Y}{K}}{\omega} \tag{3.29}$$

$$g_P = \frac{\frac{\mathrm{d}P}{\mathrm{d}t}}{P} = \rho + \frac{\omega\varpi_2 m S^{m-1}}{P} \tag{3.30}$$

$$g_\tau = \frac{\frac{\mathrm{d}\tau}{\mathrm{d}t}}{\tau} = \rho - \frac{\alpha_2 \omega(1-\mu)Y}{h\tau} - Bl_2 + \frac{\lambda z\mu\alpha_2 Y}{h\tau} \tag{3.31}$$

$$g_\lambda = \frac{\frac{\mathrm{d}\lambda}{\mathrm{d}t}}{\lambda} = \rho + \frac{\gamma J^v}{\lambda} + \gamma \tag{3.32}$$

在式（3.19）~式（3.32）中，P_t 代表不可再生资源的影子价格；ω_t 代表资本的影子价格，τ_t 代表生产活动中技术进步产生的人力资本的影子价格，λ_t 代表污染物的影子价格，它们都是关于时间 t 的函数。

$U(C_t) = C^{-\theta} = \omega_t$ 表示任何时刻消费的边际效用都等于资本的影子价格，最优的路径和结果应该是一个单位的经济产出用于消费的边际收益等于用于增加资本存量的边际收益。

式（3.21）表示 t 时刻资源存量的影子价格等于不可再生资源的边际产品净产出价值（即边际产出价值减去边际开采成本）减去以下两项损害成本：

$-\gamma J''\left(1 - \sigma_1 \dfrac{M}{E} - \gamma - z\mu\alpha_3 \dfrac{Y}{E + \pi M}\left(1 + \sigma_1\pi \dfrac{M}{E}\right)\right)$ 刻画出增加单位资源消耗引

起环境恶化所导致的效用损失；$\lambda_t\left(1 - \sigma_1 \dfrac{M}{E} - \gamma - z\mu\alpha_3 \dfrac{Y}{E + \pi M}\left(1 + \sigma_1\pi \dfrac{M}{E}\right)\right)$

刻画出资源消耗的边际增加导致污染排放的增加而产生的间接损害价值，即污染存量带来的损害。由于污染是"负"产品，因此影子价格 λ_t 为负。

式（3.26）$\dfrac{\mathrm{d}P}{\mathrm{d}t} = \rho P - \dfrac{\partial H}{\partial S} = \rho P + \omega\varpi_2 m S^{m-1}$ 表明出于对有限的资源存量的

考虑，在时间序列上的有效开采应该是资源净价格增长率小于资源存量大小

的开采成本。稍加变形，可以发现 $\rho = \dfrac{\dfrac{\mathrm{d}P}{\mathrm{d}t}}{P} + \dfrac{\omega\varpi_2 m S^{m-1}}{P}$，显示出在最优的路径

上，社会贴现率等于拥有资源的回报率（回报率等于资源价格上涨速率加上不开采一个单位资源存量所避免增加的开采成本的价值）。

式（3.25）$\dfrac{\mathrm{d}\omega}{\mathrm{d}t} = \rho\omega - \dfrac{\partial H}{\partial K} = \rho\omega - \omega\alpha_1 \dfrac{(1-\mu)Y}{K} + \lambda z\mu\alpha_1 \dfrac{Y}{K}$ 表明资本的净

价格增长率应该等于社会贴现率减去物质资本的边际生产力。

同时对方程式（3.20）$C^{-\theta} = \omega_t$ 两边求导可得：

$$C^{-\theta} = \omega_t \Rightarrow \frac{\mathrm{d}\omega}{\mathrm{d}t} = -\theta C^{-\theta-1}\frac{\mathrm{d}C}{\mathrm{d}t} \Rightarrow \frac{\dfrac{\mathrm{d}\omega}{\mathrm{d}t}}{\omega} = -\theta\frac{\dfrac{\mathrm{d}C}{\mathrm{d}t}}{C} \Rightarrow g_\omega = -\theta g_C \quad (3.33)$$

$$\frac{\alpha_1\omega(1-\mu)Y}{l_1} = \frac{\alpha_1\lambda z\mu Y}{l_1} \Rightarrow g_\omega = g_\lambda \quad (3.34)$$

$$\frac{\alpha_1\omega(1-\mu)Y}{l_1} - \frac{\alpha_1\lambda z\mu Y}{l_1} = \tau_t Bh \Rightarrow$$

$$\frac{\alpha_1}{l_1}\omega Y(1-\mu)(g_\omega + g_Y) - \frac{\alpha_1}{l_1}\lambda z\mu Y(g_\lambda + g_Y) = B\tau h(g_\tau + g_h) \quad (3.35)$$

由于 $g_\omega = g_\lambda$，可得：

$$\frac{\alpha_1}{l_1}\omega Y(1-\mu)(g_\omega + g_Y) - \frac{\alpha_1}{l_1}\lambda z\mu Y(g_\lambda + g_Y) = B\tau h(g_\tau + g_h)$$

$$\Rightarrow g_\omega + g_Y = g_\tau + g_h \tag{3.36}$$

同理，可以得到：

$$g_\lambda + g_M = g_\omega + g_Y \tag{3.37}$$

将式（3.36）变形可以得到：

$$g_Y = g_\tau + g_h - g_\omega \tag{3.38}$$

将式（3.29）、式（3.31）代入式（3.38），可得：

$$g_Y = -\frac{\alpha_1}{\alpha_2}l_1 B + \frac{\alpha_1(1-\mu)Y}{K} - \frac{\lambda z\mu\alpha_1 Y}{K\omega} \tag{3.39}$$

对式（3.39）做进一步分析可以得到下面重要的结论：

第一，在基于资源消耗的产业系统的经济增长中，倘若考虑对污染的治理投入（这里仅仅指污染无害化处理，不包括对废物的再利用），且假定其治理的成本与效果得到完美体现（即假设的成本系数和治理系数均稳定有效），那么，经济增长的速度，或者说向最优稳态经济增长路径收敛的速度将保持一个常量不变。

第二，在基于资源消耗的产业系统的经济增长中，倘若不考虑对污染的治理投入（这里仅仅指污染无害化处理，不包括对废物的再利用），那么，经济增长的速度，或者说向最优稳态经济增长路径收敛的速度将是一个变化值，并受到原始资源和二次再利用资源间的技术替代率 π 的影响：替代率越高，经济系统向最优稳态经济增长路径收敛的速度就越快。

接下来，考虑经济增长的长期均衡，有：

$$\lambda = -J^v, \quad g_Y = g_C \tag{3.40}$$

$$g_M = \frac{\frac{\mathrm{d}M}{\mathrm{d}t}}{M} = \frac{\mathrm{d}M}{\mathrm{d}t} \cdot \frac{1}{M} = \frac{\sigma_1 E^{\sigma_1} l_3^{\sigma_2}}{E \cdot E^{\sigma_1} l_3^{\sigma_2}} \cdot \frac{\mathrm{d}E}{\mathrm{d}t} = \sigma_1 g_E \tag{3.41}$$

由式（3.32）、式（3.37）、式（3.40）、式（3.41）可以得到：

$$g_E = \frac{g_Y(1-\theta) - \rho}{\sigma_1} \tag{3.42}$$

由式（3.22）、式（3.23）、式（3.31）可以得到：

$$g_\tau = \rho - \frac{\alpha_2\omega(1-\mu)Y}{h\tau} - Bl_2 + \frac{\lambda z\mu\alpha_2 Y}{h\tau}, \frac{\alpha_1\omega(1-\mu)Y}{l_1} - \frac{\alpha_1\lambda z\mu Y}{l_1} = \tau_t Bh$$

$$\Rightarrow g_\tau = \rho - Bl_2 + \frac{\lambda z\mu\alpha_2 - \alpha_2\omega(1-\mu)}{\alpha_1\omega(1-\mu) - \lambda z\mu\alpha_1} \cdot l_1 B$$

$$\Rightarrow g_\tau = \rho - Bl_2 - \frac{\alpha_2}{\alpha_1}l_1 B \tag{3.43}$$

又因为 $g_\omega = -\theta g_C = -\theta g_Y$，式（3.36）可以变形为：

$$g_h = g_\omega + g_Y - g_\tau$$

$$= -\theta g_Y + g_Y - \rho + Bl_2 + \frac{\alpha_2}{\alpha_1}l_1 B$$

$$= (1-\theta)g_Y - \rho + \left(\frac{\alpha_2}{\alpha_1}l_1 + l_2\right)B \tag{3.44}$$

根据前面所述，在原始不可再生资源消耗产生污染物并通过回收利用产生二次资源的过程中，长期稳态均衡条件下，由于人口增长率趋近于0，这个阶段 l_i 成为一个固定的常量。此时，$M = Er$，r 反映了原始资源的回收利用效率，由于 $0 < r < 1$，$M < E$。可以得到：

$$E + \pi M = E(1 + \pi r) \tag{3.45}$$

对式（3.11）两边求导可得：

$$g_Y = \alpha_1 g_K + \alpha_2 g_h + \alpha_3 g_E \tag{3.46}$$

我们知道，在内生经济增长理论中，长期均衡下稳态的最优增长路径满足 $g_Y = g_K$，同时因为 $\sum_{i=1}^{3} \alpha_i = 1$，因此式（3.46）可变形为：

$$g_Y = \frac{\alpha_2}{\alpha_2 + \alpha_3}g_h + \frac{\alpha_3}{\alpha_2 + \alpha_3}g_E \tag{3.47}$$

结合式（3.42）、式（3.44），最后可以得到长期均衡下稳态的最优增长路径上满足：

$$g_Y^* = \frac{\alpha_2 \sigma_1 B (\alpha_2 l_1 + \alpha_1 l_2) - \alpha_1 \rho (\sigma_1 \alpha_2 + \alpha_3)}{\alpha_1 (\alpha_3 (1 + \sigma_1) + \theta (\alpha_2 \sigma_1 - \alpha_3))} \tag{3.48}$$

因此，可以得到结论：基于资源消耗和循环利用的经济大系统，在长期均衡下稳态的最优增长路径上，经济产出 Y（也就是 Q）将保持一个稳定的增速发展，其增速与原始资源和二次再利用资源间的技术替代率 π 无关，而是与大系统中其他的关键参数（诸如 $B, \theta, \sigma_1, \sigma_2 \cdots\cdots$）的取值有关。换句话说，当 $\pi < 1$ 时，经济系统将消耗更多的劳动力、时间和人力资本积累来达到最优增长速率 g_Y^*，一旦达到，经济系统将保持一个稳定的速度向前发展。

根据式（3.22）、式（3.24）可以得到：

$$z\mu (E + \pi E^{\sigma_1} l_3^{\sigma_2}) \alpha_2 Y = \sigma_2 E^{\sigma_1} l_3^{\sigma_2} (E + \pi E^{\sigma_1} l_3^{\sigma_2}) + z\mu \alpha_3 Y \sigma_2 \pi E^{\sigma_1} l_3^{\sigma_2} \tag{3.49}$$

$$\Rightarrow Y = \frac{\sigma_2 E^{\sigma_1} l_3^{\sigma_2} (E + \pi E^{\sigma_1} l_3^{\sigma_2})}{z\mu (E + \pi E^{\sigma_1} l_3^{\sigma_2}) \alpha_2 - z\mu \alpha_3 \sigma_2 \pi E^{\sigma_1} l_3^{\sigma_2}} \tag{3.50}$$

将式（3.50）代入式（3.21）可以得到：

$$E^* = \sqrt[\sigma_1 - 1]{\frac{-b + \sqrt{b^2 - 4ac}}{2a l_3^{\sigma_2}}} \tag{3.51}$$

其中：$a = ((1 - \gamma)(\sigma_1 \alpha_2 - \sigma_1 \sigma_2 \alpha_3) + \gamma \sigma_2 \alpha_3) \cdot \pi$；$b = -X\alpha_2$，$X = -\gamma^2 + 2\gamma + \frac{z\mu \varpi_1}{1 - \mu}$；$c = X\alpha_3 \sigma_2 \pi + \gamma \alpha_3 \sigma_2 + (\gamma - 1)\alpha_2 \sigma_1 - X\alpha_2 \pi$。

由此，可以得到以下结论：在满足函数为正的给定参数条件下，$E_{\pi < 1}^* > E_{\pi = 1}^*$。换句话说，在基于资源消耗经济系统的最优稳态增长路径上，不完全的一、二次资源替代较之充分的资源回收再利用而言，将消耗更多的原始资源以达到稳态增长。由于对原始资源的消耗增加，将对环境污染及整个社会福利产生更大的负面影响。

假设 1：基于资源消耗的经济系统的经济产出不受环境变化的影响，即 Y

与 J 没有直接关系。

假设 2：在长期均衡下，在不超过环境承载能力的范围内，污染流量形式下（受资源消耗的影响）的环境自净能力与污染存量形式下的环境自净能力相同，即 $\gamma_E = \gamma_J$。

令 $\dfrac{\partial H}{\partial J} = 0$，可以得到：

$$U_J = -J^v = \lambda \qquad (3.52)$$

$$\frac{\partial H}{\partial l_3} = 0 \Rightarrow \frac{\omega(1-\mu)\alpha_2 Y}{l_3} - \lambda_t\left(\frac{\sigma_2 M}{l_3} + \frac{z\mu\alpha_3\sigma_2\pi YM}{l_3(E+\pi M)}\right) = 0$$

将式（3.52）、式（3.20）代入式（3.24），可以得到：

$$U_J = \frac{-C^{-\theta}(1-\mu)\alpha_2 K_t{}^{\alpha_1}(hl_1)^{\alpha_2}(E_t+\pi M_t)^{\alpha_3}}{\sigma_2 M + z\mu\alpha_3\sigma_2\pi MK_t{}^{\alpha_1}(hl_1)^{\alpha_2}(E_t+\pi M_t)^{\alpha_3-1}} \qquad (3.53)$$

不难得出：$U_{J\ \pi=1}^{-1} > U_{J\ \pi<1}^{-1} \Rightarrow U_{J\ \pi=1} < U_{J\ \pi<1}$

因此可以得到以下结论：在基于资源消耗经济系统的最优稳态增长路径上，不完全的一、二次资源替代较之充分的资源回收再利用而言，将对环境污染及整个社会福利产生更大的负面影响。换句话说，尽量做到变废为宝，将一次资源产生的废物最大限度地转化为二次资源将为社会带来更大的福利。这与上一个结论完全吻合。

将式（3.52）代入式（3.32），可以得到：

$$g_\lambda = \rho \Rightarrow g_\lambda < g_P \qquad (3.54)$$

因此可以得到以下结论：

第一，在基于资源消耗经济系统的最优稳态增长路径上，原始资源与回收再利用资源的影子价格的增速与两者间的替代率 π 无关。

第二，由于模型构架时做出的"资源开采成本应该随着剩余的有限资源存量趋近于零而以一个不断增长的速度上升"的假设，原始资源的增速要更快些。但倘若不考虑资源的开采成本递增问题，将满足 $g_\lambda = g_P$，这与瓦尔拉斯一般均衡的结论吻合。

定义 U_J 表示废物回收再利用减少单位污染存量以增加社会福利的机会成本，定义 $\lambda \cdot \dfrac{\partial M}{\partial E}$ 表示使用再利用技术以减少单位污染的直接成本。令 $U_J = \lambda \cdot \dfrac{\partial M}{\partial E}$，结合式（3.21）可以得到：

$$p = \alpha_3 \omega_t \left((1 - \mu) \frac{Y}{E + \pi M} \left(1 + \sigma_1 \pi \frac{M}{E} \right) \right) - \omega_t \varpi_1 \tag{3.55}$$

由此可以得到以下结论：在基于资源消耗经济系统的最优稳态增长路径上，通过对原始资源消耗产生的废物的回收再利用，得到的二次资源将继续为经济系统的增长做出贡献，直至原始资源的影子价格等于其在经济系统中的边际净产出（即边际产出价值减去边际开采成本），经济增长达到稳态。

3.3.1.2 不可再生资源在单一系统中的最优消耗

（1）不可再生资源在农业封闭系统中的最优消耗。

为了简便起见，在耦合大系统下，只考虑一种不可再生资源在农业封闭系统下的消耗，以土地或者矿藏资源为例。农业封闭系统构建模型如下：

目标函数：
$$\max W = \int_{t=0}^{t=\infty} \frac{B_A}{L_A} e^{-\rho t} \mathrm{d}t$$

$$\mathrm{s.\,t.} \quad \frac{\mathrm{d}S}{\mathrm{d}t} = -R_t$$

$$\frac{\mathrm{d}K}{\mathrm{d}t} = Q(K_t, R_t) - \frac{B_{At}}{L_{At}} \tag{3.56}$$

其中，B_A 表示依赖土地资源谋生的农业从业人员的总收益，L_A 表示依赖土地资源谋生的农业从业人员的数量，$\dfrac{B_A}{L_A}$ 表示的是人均收益。

模型的现值 Hamiltonian 函数为：

$$H_t = \frac{B_A}{L_A} + P_t(-R_t) + \omega_t \left(Q(K_t, R_t) - \frac{B_{At}}{L_{At}} \right) \tag{3.57}$$

解得：

$$\frac{B_{At}}{L_{At}} = \omega_t, \quad P_t = \omega_t Q_{Rt}, \quad \frac{\mathrm{d}P}{\mathrm{d}t} = \rho P_t, \quad \frac{\mathrm{d}\omega}{\mathrm{d}t} = \rho \omega_t - Q_{Kt} \omega_t$$

（2）不可再生资源在旅游业封闭系统中的最优消耗。

旅游业封闭系统构建模型如下：

目标函数：
$$\max W = \int_{t=0}^{t=\infty} \frac{B_B}{L_B} e^{-\rho t} \mathrm{d}t$$

s. t.
$$\frac{\mathrm{d}S}{\mathrm{d}t} = -R_t$$

$$\frac{\mathrm{d}K}{\mathrm{d}t} = Q(K_t, R_t) - \frac{B_{Bt}}{L_{Bt}} \tag{3.58}$$

其中，B_B 表示依赖土地资源谋生的旅游业从业人员的总收益，L_B 表示依赖土地资源谋生的旅游业从业人员的数量，$\frac{B_B}{L_B}$ 体现的是人均收益。

模型的现值 Hamiltonian 函数为：

$$H_t = \frac{B_B}{L_B} + P_t(-R_t) + \omega_t \left(Q(K_t, R_t) - \frac{B_{Bt}}{L_{Bt}} \right) \tag{3.59}$$

解得：

$$\frac{B_{Bt}}{L_{Bt}} = \omega_t, \quad P_t = \omega_t Q_{Rt}, \quad \frac{\mathrm{d}P}{\mathrm{d}t} = \rho P_t, \quad \frac{\mathrm{d}\omega}{\mathrm{d}t} = \rho \omega_t - Q_{Kt} \omega_t$$

（3）不可再生资源在耦合系统中的最优消耗。

接下来考虑不可再生资源在农业、旅游业耦合系统下的最佳利用问题。

目标函数：
$$\max W = \int_{t=0}^{t=\infty} \left(\frac{B_{At}}{L_{At}} + \frac{B_{Bt}}{L_{Bt}} \right) e^{-\rho t} \mathrm{d}t \tag{3.60}$$

定义以下几个变量：

$L_A = \dfrac{L}{2}\left(1 + e^{-\frac{1}{\psi}} - e^{-\psi}\right)$，$\psi$ 代表农业相对于旅游业的竞争优势，同时假定等同于旅游业相对农业的竞争劣势。当 $\psi \to 0$，资源趋于向旅游业倾斜；当 $\psi \to \infty$，资源趋于向农业倾斜。也就是说，ψ 值越小，农业的效用（用人均收益表达）越小于旅游业的效用。

令 $d = \alpha \dfrac{B_A}{B_B}$，假设 $\alpha = 1$，定义 $r = e^{-\psi} - e^{-\frac{1}{\psi}}$，$\psi \in (0, \infty)$，$r \in (-1, 1)$，则：

$$L_A = L \frac{1-r}{2}, \quad L_B = L \frac{1+r}{2} \tag{3.61}$$

因此，目标函数（3.60）转换为：

$$\max W = \int_{t=0}^{t=\infty} \frac{2}{L} \left(\frac{B_B}{1+r} + \frac{B_A}{1-r} \right) e^{-\rho t} \mathrm{d}t$$

$$\text{s. t.} \quad \frac{\mathrm{d}S}{\mathrm{d}t} = -R_t$$

$$\frac{\mathrm{d}K}{\mathrm{d}t} = Q(K_t, R_t) - \frac{2}{L} \left(\frac{B_B}{1+r} + \frac{B_A}{1-r} \right) \tag{3.62}$$

模型的现值 Hamiltonian 函数为：

$$H_t = \frac{2}{L} \left(\frac{B_B}{1+r} + \frac{B_A}{1-r} \right) + P_t(-R_t)$$

$$+ \omega_t \left(Q(K_t, R_t) - \frac{2}{L} \left(\frac{B_B}{1+r} + \frac{B_A}{1-r} \right) \right) \tag{3.63}$$

解得：

$$\frac{2}{L} \left(\frac{B_B}{1+r} + \frac{B_A}{1-r} \right) = \omega_t, \quad P_t = \omega_t Q_{Rt}, \quad \frac{\mathrm{d}P}{\mathrm{d}t} = \rho P_t, \quad \frac{\mathrm{d}\omega}{\mathrm{d}t} = \rho \omega_t - Q_{Kt} \omega_t$$

其中：$\dfrac{2}{L} \left(\dfrac{B_B}{1+r} + \dfrac{B_A}{1-r} \right) = \omega_t$ 和 $P_t = \omega_t Q_{Rt}$ 是土地资源有效配置的静态效率条件。$\dfrac{2}{L} \left(\dfrac{B_B}{1+r} + \dfrac{B_A}{1-r} \right)$ 表示任何时刻基于资源消费型的农业与旅游业边际效用都等于资本的影子价格，一个最优的结果应该是两个产业的单位产出用于消费的边际收益等于用于增加资本存量的边际收益。$P_t = \omega_t Q_{Rt}$ 表示 t 时刻资源存量的影子价格等于不可再生资源的边际产品价值。$\dfrac{\mathrm{d}P}{\mathrm{d}t} = \rho P_t$ 和 $\dfrac{\mathrm{d}\omega}{\mathrm{d}t} = \rho \omega_t - Q_{Kt} \omega_t$ 是土地资源有效配置的动态效率条件，表示资源和资本在任何时点上都能获得同样的报酬率，且等于贴现率。

3.3.1.3 不可再生资源在耦合系统中的竞争性消耗和合作性消耗

接下来考虑农业、旅游业耦合系统下不可再生资源的竞争性消耗和合作性消耗问题。

（1）不可再生资源消耗多时段模型。

考虑目标函数：

$$\max W = \int_{t=0}^{t=\infty} U(C_t) e^{-\rho t} \mathrm{d}t$$

$$\text{s. t.} \quad \frac{\mathrm{d}S}{\mathrm{d}t} = -R_t \tag{3.64}$$

进一步变形，考虑不可再生资源在时间 $t = 0$ 到 $t = T$ 内选择其开采途径 R_t，得：

目标函数：

$$\max W = \int_{t=0}^{t=\infty} U(R_t) e^{-\rho t} \mathrm{d}t$$

$$\text{s. t.} \quad \frac{\mathrm{d}S}{\mathrm{d}t} = -R_t \tag{3.65}$$

随着边际贴现的不断提高，社会福利将不断升高，因此，只有边际效益贴现在任何时间上都相等，社会福利才最大。假设 $U(R) = \int_0^R R \mathrm{d}R$，那么 $\frac{\partial U_t}{\partial R_t}$ $= P(R)_t$，也就是说，不可再生资源的边际效益等于不可再生资源的净价格。那么，$P_t e^{-\rho t} = P_0$，即，$P_t = P_0 e^{\rho t}$。

进一步假设，不可再生资源的需求函数为一个非线性函数：

$$P(R) = K e^{-aR} \Rightarrow K = P e^{aR} \tag{3.66}$$

当 $R = 0$ 时，$P = K$。所以，函数中的 K 代表当这类不可再生资源消耗殆尽，或者说当此类不可再生资源的价格为 K 时，社会将转移使用其他替代资源来取代此类不可再生资源。

由 $P_t = P_0 e^{\rho t}$ 和 $P(R) = K e^{-aR}$，我们可以得到：

$$P_0 e^{\rho t} = K e^{-aR} \tag{3.67}$$

上述模型的现值 Hamiltonian 函数为：

$$H = U(R_t) + P_t(-R_t) \qquad (3.68)$$

解得：

$$\frac{\mathrm{d}P}{\mathrm{d}t} = \rho P_t, \ -\frac{\mathrm{d}P}{\mathrm{d}t} + \frac{\mathrm{d}U}{\mathrm{d}R} = 0$$

运用最大化原理的最优控制理论，资源在 T 时刻存量为 0，此刻，$P_t = K$，那么，$K = P_0 e^{\rho T}$，结合 $P_0 e^{\rho t} = K e^{-aR}$，得：

$$P_0 e^{\rho t} = P_0 e^{\rho T - aR} \Rightarrow R(t) = \frac{\rho}{a}(T-t) \qquad (3.69)$$

由 $\qquad S = \int_0^T R(t)\,\mathrm{d}t$

$$\Rightarrow S = \int_0^T \frac{\rho}{a}(T-t)\,\mathrm{d}t$$

$$\Rightarrow T = \left(\frac{2aS}{\rho}\right)^{\frac{1}{2}}$$

$$\Rightarrow P_0 = K e^{-(2\rho aS)^{\frac{1}{2}}}$$

$$\Rightarrow P_t = R e^{\rho(1-T)}$$

$$\Rightarrow R_0 = \frac{\rho}{a}(T-0) = \left(\frac{2\rho S}{a}\right)^{\frac{1}{2}}, \ R_T = 0, \ R_t = \frac{\rho}{a}(T-t) \qquad (3.70)$$

（2）农业、旅游业耦合系统下不可再生资源的竞争性消耗模型。

在耦合系统下，假设农业、旅游业分别有一个代表性企业在市场中竞争不可再生资源。对资源的消耗分别为 R_A、R_B。行业利润分别是 $\pi_A = P \times R_A$ 和 $\pi_B = P \times R_B$，市场利率为 i，并且由于两个行业处于相互竞争态势，认为市场价格 P 是外生的、固定的。

构造目标函数：$\qquad \max \pi = \int_0^T (\pi_{At} + \pi_{Bt}) e^{-it}\,\mathrm{d}t$

$$\text{s. t.} \quad S = \int_0^T (R_{At} + R_{Bt})\,\mathrm{d}t$$

$$P(R) = K e^{-aR} \qquad (3.71)$$

如果两个行业对不可再生资源的开采率与得到的贴现边际利润不等，那么，可以通过调整开采率来增加总利润。因此，最大化原理可以得出：

$$\frac{\partial \pi_{At}}{\partial R_{At}} e^{-it} = P_0 \Rightarrow P_t e^{-it} = P_0 \tag{3.72}$$

上述模型的现值 Hamiltonian 函数解为：

$$T = \left(\frac{2aS}{i}\right)^{\frac{1}{2}}$$

$$\Rightarrow P_0 = Ke^{-(2iaS)^{\frac{1}{2}}}$$

$$\Rightarrow P_t = \mathrm{Re}^{i(t-T)} = P_0 e^{it}$$

$$\Rightarrow R_0 = R_{A,0} + R_{B,0} = \frac{i}{a}(T-0) = \left(\frac{2iS}{a}\right)^{\frac{1}{2}}, R_T = R_{A,T} + R_{B,T} = 0,$$

$$R_t = R_{A,t} + R_{B,t} = \frac{i}{a}(T-t) \tag{3.73}$$

（3）农业、旅游业耦合系统下不可再生资源的合作性消耗模型。

在合作的关系下，两个行业通过耦合的方式对不可再生资源的消耗进行统一管理。因此，市场价格 P 不再是外生的了，而是依赖耦合后的大产业系统的产量。假设农业、旅游业共同成立一个代表性企业在市场中合作消耗不可再生资源，对资源的消耗为 R_{AB}。总利润是 $\pi_{AB} = P_{AB} \times R_{AB}$，市场利率为 i。

构造目标函数：

$$\max \pi = \int_0^T \pi_{AB} e^{-it} \mathrm{d}t$$

$$\mathrm{s.\,t.}\ \ S = \int_0^T R_{AB} \mathrm{d}t$$

$$P(R) = Ke^{-aR} \tag{3.74}$$

最大化原理可以得出：

$$\frac{\partial \pi_{AB,t}}{\partial R_{AB,t}} = \frac{\partial P_t}{\partial R_t} R_t + P(R)$$

$$= K(1 - aR_t) e^{-aR_t}$$

$$= Ke^{\ln(1-aR_t)} e^{-aR_t}$$

$$= Ke^{\ln(1-aR_t)-aR_t} \tag{3.75}$$

$$\because R_t \in (R,0)$$

$$\therefore \ln(1-aR_t) \approx -aR_t$$

$$\Rightarrow \frac{\partial \pi_{AB,t}}{\partial R_{AB,t}} \approx Ke^{-2aR_t} \tag{3.76}$$

同理，上述模型的现值 Hamiltonian 函数解为：

$$T' = \left(\frac{4aS}{i}\right)^{\frac{1}{2}}$$

$$\Rightarrow P'_0 = Ke^{-(iaS)^{\frac{1}{2}}}$$

$$\Rightarrow P'_t = \text{Re}^{\frac{i(t-T)}{2}} = P_0 e^{\frac{it}{2}}$$

$$\Rightarrow R'_0 = R_{AB,0} = \frac{i}{2a}(T-0) = \left(\frac{iS}{a}\right)^{\frac{1}{2}}, R'_T = R_{AB,T} = 0,$$

$$R'_t = R_{AB,t} = \frac{i}{2a}(T-t) \tag{3.77}$$

为了区别于竞争性产业，用上标"′"表示合作性产业对不可再生资源的消耗。不难发现：

$$T < T', P_0 < P'_0, P_t > P'_t, R_0 > R'_0, R_T = R'_T, R_t > R'_t$$

结论：对于农业与旅游业两大产业耦合后的大系统产业而言，相互合作比相互竞争对于不可再生资源的开发和消耗更具有可持续性。合作性产业耦合通过对基于不可再生资源生产出的产品的价格控制来延长资源的开采和使用时间，因此，在一定程度上延缓了不可再生资源的消耗。

3.3.2 可再生资源的最优配置

在农业与旅游业耦合系统的某些资源的消耗中，有的资源属于可再生资源，比如林业资源、渔业资源等。为简便起见，在耦合大系统下，只考虑一种或者两种可再生资源在封闭、开放系统下的消耗。在考察生态旅游业与生态农业的耦合系统时，由于生态渔业观光旅游和生态林业观光旅游具有典型性，因此，下面主要以林业资源或渔业资源为例，其他情况以此类推。此外，除了上面已考虑的资源与劳动力对产业系统发展的约束，本节还考虑了环境压力对多个产业系统可持续发展的影响。

3.3.2.1　定义变量的含义

对于渔业这种消耗生物资源的农业产业而言，其资源的增长符合 logistic 方程：$G(S) = rS_t\left(1 - \dfrac{S_t}{N}\right)$，$\dfrac{dS}{dt} = G(S_t) - g_t$。其中，$G(S)$ 代表鱼类资源的净增长，N 代表鱼类资源的增长极限，r 是一个大于 0 的常数参数，g_t 代表 t 时刻鱼类资源的消耗。

对于林业这种消耗林木资源的农业产业而言，其资源的增长符合以下方程：$G(F) = A_t \times V_t$，$\dfrac{dF}{dt} = G(F_t) - f_t$。其中，$G(F)$ 代表林业资源的净增长，f_t 代表 t 时刻林业资源的消耗，A 代表单位林地上的林业资源数量，V 代表林地面积。

考虑消耗资源需要成本，其大小与消耗量和存量相关。成本方程可表示为：$C_t = C(h_t, S_t)$，为了区别前面章节的消费函数和消费方程，这里把消费函数写为 M_t，效用函数为 $U(M)$。其中，h_t 代表 t 时刻资源的消耗量，S_t 代表 t 时刻资源的存量。

考虑环境的压力 E（仅考虑农业与旅游业两个产业产生的污染，其指标度量可包括空气质量、植被、天气统计数据、鱼类和野生动物数量、湖泊和河流质量、饮用水质量、视觉环境、噪声水平、原始森林覆盖率、再造林质量等）对产业发展的影响。一方面，E 将通过效用函数对产业的发展产生负面影响，相关的效用函数为 $U = U(E)$，假定 $U(E) < 0$，且环境压力指数与资源的使用率和污染物在环境中的存量相关，因此 $E = E(f, J)$。所以有 $E_f > 0$，$E_J > 0$。另一方面，E 将通过生产函数对产业发展产生作用。以农业与旅游业的耦合发展为例，砍伐林地资源、加大人为活动的频度、过度发展旅游业将导致地方的局部气候变化，从而导致农产品减产

（库区一些区县已经有类似案例出现）。因此，考虑环境压力 E 的生产函数为 $Q = Q(f, K, E(f, J))$。进一步考虑污染物在环境中的存量 J。污染水平 J 与污染排放量和污染物衰减量 δ 有关，即 $J_t = \int_0^t (M(f_\tau) - \delta J_\tau)\,\mathrm{d}\tau$。再进一步，考虑污染的监控和治理需要投入成本，假设 $N = N(V), N(V) > 0$，N 表示投入治污费用 V 带来的污染物存量的减少量，所以有 $J = M(f) - \delta J - N(V)$。

考虑消耗资源带来收益，用 $B(f)$ 表示。考虑资源开采的成本与资源的存量和消耗量有关，用 $C(f, F)$ 表示。

综上所述，对于自然资源、劳动力和环境三方面约束框架下的模型刻画，考虑两个层面四个函数的构建。首先定义一个社会福利函数，为体现"可持续"的概念——认为以下新型产业系统模型的构建建立在确保消费在代际间非下降的"哈特维克—索洛可持续性准则"、不损害我们的后代满足他们需求的能力的发展下满足当代人的需求的"布伦特兰报告"的基础上，假定社会贴现率为 ρ，建立连续的序数效用性社会福利函数 $W = \int_{t=0}^{t=\infty} U e^{-\rho t}\,\mathrm{d}t$，为了方便数据的收集与处理，将 U 定义为一个与从业人员收入、资源开采成本和环境恶化指数相关的特殊形式的函数，即 $U = B(f_t) - C(f_t, F_t) - E(f_t, J_t)$。其次，模型满足三个约束条件。一是认为优化后的产业系统实现稳态的收获模式，即通过合理的资源管理和控制使得产业耦合下的各个子产业均处于最大的可持续产量（而传统的产业发展更大程度上是一种忽略全局的、分部门、分时空、不计资源有限性的局部开发模式）。二是认为环境的恶化和污染物的排放势必会阻碍产业和社会的可持续发展，在追求目标函数的最大化的时候，必将受到环境的负外部性影响，且产业耦合可以通过对清除污染的联合支出，即投入必要的费用来治理或减少污染影响（而传统的产业污染治理更大程度上是一种分部门、分时空的治理模式）。三是从消费、产出、污染排放与经济系统资本存量变化核算等式推导而出。产出在消费、资源开采成本、环境恶化的负面影响、环境改善成本之间分配，没有被消费和转移消费的部分导致资本存量的变化。

3.3.2.2 可再生资源在封闭系统中的最优利用

（1）渔业资源消耗型的生态农业系统构建模型如下：

目标函数：　$\max W = \int_{t=0}^{t=\infty} \left(\dfrac{B_A(g_t)}{L_A} - C_A(g_t, S_t) \right) e^{-\rho t} \mathrm{d}t$

s. t.　$\dfrac{\mathrm{d}S}{\mathrm{d}t} = G(S_t) - g_t$

$$\frac{\mathrm{d}K}{\mathrm{d}t} = Q(K_t, g_t) - \frac{B_A(g_t)}{L_{At}} - C_A(g_t, S_t) \qquad (3.78)$$

其中，B_A 表示依赖鱼类资源谋生的农业从业人员的总收益，L_A 表示依赖鱼类资源谋生的农业从业人员的数量，$\dfrac{B_A}{L_A}$ 表示的是人均收益。

模型的现值 Hamiltonian 函数为：

$$H_t = \frac{B_A(g_t)}{L_A} - C_A(g_t, S_t) + P_t(G(S_t) - g_t)$$

$$+ \omega_t \left(Q(K_t, g_t) - \frac{B_A(g_t)}{L_{At}} - C_A(g_t, S_t) \right) \qquad (3.79)$$

解得：

$$\frac{\partial H_t}{\partial g_t} = 0 \Rightarrow \frac{1}{L_A} \times \frac{\partial B_A}{\partial g_t} - \frac{\partial C_A}{\partial g_t} - P_t - \omega_t \left(\frac{\partial Q}{\partial g_t} - \frac{\partial C_A}{\partial g_t} - \frac{1}{L_A} \times \frac{\partial B_A}{\partial g_t} \right) = 0$$

$$\frac{\mathrm{d}P_t}{\mathrm{d}t} = \rho P_t - \frac{\partial G(S_t)}{\partial S_t} + \frac{\partial C_A}{\partial S_t}$$

$$\frac{\mathrm{d}\omega_t}{\mathrm{d}t} = \rho \omega_t - Q_{Kt} \omega_t \qquad (3.80)$$

（2）渔业资源消耗型的生态水产观光旅游业系统构建模型如下：

目标函数：　$\max W = \int_{t=0}^{t=\infty} \left(\dfrac{B_B(g_t)}{L_B} - C_B(g_t, S_t) \right) e^{-\rho t} \mathrm{d}t$

s. t.　$\dfrac{\mathrm{d}S}{\mathrm{d}t} = G(S_t) - g_t$

$$\frac{\mathrm{d}K}{\mathrm{d}t} = Q(K_t, g_t) - \frac{B_B(g_t)}{L_{Bt}} - C_B(g_t, S_t) \qquad (3.81)$$

其中，B_B 表示依赖鱼类资源的水产观光旅游业从业人员的总收益，L_B 表示依赖鱼类资源的水产观光旅游业从业人员的数量，$\frac{B_B}{L_B}$ 表示的是人均收益。

模型的现值 Hamiltonian 函数为：

$$H_t = \frac{B_B(g_t)}{L_A} - C_B(g_t, S_t) + P_t(G(S_t) - g_t)$$
$$+ \omega_t\left(Q(K_t, g_t) - \frac{B_B(g_t)}{L_{Bt}} - C_B(g_t, S_t)\right) \qquad (3.82)$$

解得：

$$\frac{\partial H_t}{\partial g_t} = 0 \Rightarrow \frac{1}{L_B} \times \frac{\partial B_B}{\partial g_t} - \frac{\partial C_B}{\partial g_t} - P_t - \omega_t\left(\frac{\partial Q}{\partial g_t} - \frac{\partial C_B}{\partial g_t} - \frac{1}{L_B} \times \frac{\partial B_B}{\partial g_t}\right) = 0$$

$$\frac{\mathrm{d}P_t}{\mathrm{d}t} = \rho P_t - \frac{\partial G(S_t)}{\partial S_t} + \frac{\partial C_B}{\partial S_t}$$

$$\frac{\mathrm{d}\omega_t}{\mathrm{d}t} = \rho \omega_t - Q_{Kt} \omega_t \qquad (3.83)$$

（3）林业资源消耗型的生态农业系统构建模型如下：

目标函数：　$\max W = \displaystyle\int_{t=0}^{t=\infty}\left(\frac{B_A(f_t)}{L_A} - C_A(f_t, F_t)\right)e^{-\rho t}\mathrm{d}t$

　　　　　s. t. $\dfrac{\mathrm{d}F}{\mathrm{d}t} = G(F_t) - f_t$

$$\frac{\mathrm{d}K}{\mathrm{d}t} = Q(K_t, f_t) - \frac{B_A(f_t)}{L_{At}} - C_A(f_t, F_t) \qquad (3.84)$$

其中，B_A 表示依赖林业资源谋生的农业从业人员的总收益，L_A 表示依赖林业资源谋生的农业从业人员的数量，$\frac{B_A}{L_A}$ 表示的是人均收益。

模型的现值 Hamiltonian 函数为：

$$H_t = \frac{B_A(f_t)}{L_A} - C_A(f_t, F_t) + P_t(G(F_t) - f_t)$$

$$+ \omega_t \left(Q(K_t, f_t) - \frac{B_A(f_t)}{L_{At}} - C_A(f_t, F_t) \right) \quad (3.85)$$

解得：

$$\frac{\partial H_t}{\partial f_t} = 0 \Rightarrow \frac{1}{L_A} \times \frac{\partial B_A}{\partial f_t} - \frac{\partial C_A}{\partial f_t} - P_t - \omega_t \left(\frac{\partial Q}{\partial f_t} - \frac{\partial C_A}{\partial f_t} - \frac{1}{L_A} \times \frac{\partial B_A}{\partial f_t} \right) = 0$$

$$\frac{\mathrm{d}P_t}{\mathrm{d}t} = \rho P_t - \frac{\partial G(F_t)}{\partial F_t} + \frac{\partial C_A}{\partial F_t}$$

$$\frac{\mathrm{d}\omega_t}{\mathrm{d}t} = \rho \omega_t - Q_{Kt} \omega_t \quad (3.86)$$

（4）林业资源消耗型的生态旅游业系统构建模型如下：

目标函数： $\displaystyle \max W = \int_{t=0}^{t=\infty} \left(\frac{B_B(f_t)}{L_B} - C_B(f_t, F_t) \right) e^{-\rho t} \mathrm{d}t$

s. t. $\displaystyle \frac{\mathrm{d}F}{\mathrm{d}t} = G(F_t) - f_t$

$$\frac{\mathrm{d}K}{\mathrm{d}t} = Q(K_t, f_t) - \frac{B_B(f_t)}{L_{Bt}} - C_B(f_t, F_t) \quad (3.87)$$

其中，B_B 表示依赖林业资源的林业观光旅游业从业人员的总收益，L_B 表示依赖林业资源的林业旅游业从业人员的数量，$\dfrac{B_B}{L_B}$ 表示的是人均收益。

模型的现值 Hamiltonian 函数为：

$$H_t = \frac{B_B(f_t)}{L_B} - C_B(f_t, F_t) + P_t(G(F_t) - f_t)$$

$$+ \omega_t \left(Q(K_t, f_t) - \frac{B_B(f_t)}{L_{Bt}} - C_B(f_t, F_t) \right) \quad (3.88)$$

解得：

$$\frac{\partial H_t}{\partial f_t} = 0 \Rightarrow \frac{1}{L_B} \times \frac{\partial B_B}{\partial f_t} - \frac{\partial C_B}{\partial f_t} - P_t - \omega_t \left(\frac{\partial Q}{\partial f_t} - \frac{\partial C_B}{\partial f_t} - \frac{1}{L_B} \times \frac{\partial B_B}{\partial f_t} \right) = 0$$

$$\frac{\mathrm{d}P_t}{\mathrm{d}t} = \rho P_t - \frac{\partial G(F_t)}{\partial F_t} + \frac{\partial C_B}{\partial F_t}$$

$$\frac{\mathrm{d}\omega_t}{\mathrm{d}t} = \rho\omega_t - Q_{Kt}\omega_t \qquad (3.89)$$

3.3.2.3 可再生资源在开放耦合系统中的最优利用

综合上面的推导结果，接下来考虑受有限的可再生资源、劳动力供给与环境压力约束的农业、旅游业耦合系统下的最佳利用问题。

（1）基于渔业资源消耗的生态农业与生态水产观光旅游业耦合系统社会福利最大化模型的构建。

① 基于渔业资源、劳动力供给和环境约束框架下的农业系统建模。

目标函数：$\max W = \displaystyle\int_{t=0}^{t=\infty} (B_A(g_t) - C_A(g_t, S_t) - E_A(g_t, J_t))e^{-\rho t}\mathrm{d}t$

s. t. $\dfrac{\mathrm{d}S}{\mathrm{d}t} = G_A(S_t) - f_{At}$

$\dfrac{\mathrm{d}J}{\mathrm{d}t} = M_A(g_t) - \delta J_{At} - N_A(V_t)$

$\dfrac{\mathrm{d}K}{\mathrm{d}t} = Q_A(K_t, g_t, E(g_t, J_t)) - B_A(g_t) - C_A(g_t, S_t) - V_{At} \qquad (3.90)$

其中，B_A 表示依赖渔业资源谋生的农业从业人员的总收益。

模型的现值 Hamiltonian 函数为：

$$\begin{aligned}
H_t =\ & (B_A(g_t) - C_A(g_t, S_t) - E_A(g_t, J_t)) \\
& + \omega_t(Q_A(K_t, g_t, E(g_t, J_t)) - B_A(g_t) - C_A(g_t, S_t) - V_{At}) \\
& + P_t(G_A(S_t) - g_t) + \lambda_t(M_A(g_t) - \delta J_{At} - N_A(V_t)) \qquad (3.91)
\end{aligned}$$

解得：

$$\frac{\partial H_t}{\partial g_t} = 0$$

$$\Rightarrow \frac{\partial B_A}{\partial g_t} - \frac{\partial C_A}{\partial g_t} - \frac{\partial E_A}{\partial g_t} - P_t - \omega_t\left(\frac{\partial Q_A}{\partial g_t} + \frac{\partial Q_A}{\partial E_A} \times \frac{\partial E_A}{\partial g_t} - \frac{\partial B_A}{\partial g_t} - \frac{\partial C_A}{\partial g_t}\right) + \lambda_t \times \frac{\partial M_A}{\partial g_t} = 0$$

$$\frac{\partial H_t}{\partial V_t} = 0$$

$$\Rightarrow \omega_t = -\lambda_t \times \frac{\partial N_A}{\partial V_t}$$

$$\frac{\mathrm{d}P_t}{\mathrm{d}t} = \rho P_t - P_t \times \frac{\partial G_A(S_t)}{\partial S_t} + \frac{\partial C_A}{\partial S_t} + \omega_t \times \frac{\partial C_A}{\partial S_t}$$

$$\frac{\mathrm{d}\omega_t}{\mathrm{d}t} = \rho \omega_t - \omega_t \times \frac{\partial Q_A}{\partial K_t}$$

$$\frac{\mathrm{d}\lambda_t}{\mathrm{d}t} = \rho \lambda_t + \delta \lambda_t + \frac{\partial E_A}{\partial J_t} - \omega_t \left(\frac{\partial Q_A}{\partial E_A} \times \frac{\partial E_A}{\partial J_t} \right) \qquad (3.92)$$

② 基于渔业资源、劳动力供给和环境约束框架下的旅游业系统建模。

目标函数：$\max W = \int_{t=0}^{t=\infty} (B_B(g_t) - C_B(g_t, S_t) - E_B(g_t, J_t)) e^{-\rho t} \mathrm{d}t$

s. t. $\dfrac{\mathrm{d}S}{\mathrm{d}t} = G_B(S_t) - g_{Bt}$

$$\frac{\mathrm{d}J}{\mathrm{d}t} = M_B(g_t) - \delta J_{Bt} - N_B(V_t)$$

$$\frac{\mathrm{d}K}{\mathrm{d}t} = Q_B(K_t, f_t, E(g_t, J_t)) - B_B(g_t) - C_B(g_t, F_t) - V_{Bt} \qquad (3.93)$$

其中，B_B 表示依赖渔业资源谋生的旅游业从业人员的总收益。

模型的现值 Hamiltonian 函数为：

$$\begin{aligned}
H_t =\ & (B_B(g_t) - C_B(g_t, S_t) - E_B(g_t, J_t)) \\
& + \omega_t (Q_B(K_t, g_t, E(g_t, J_t)) - B_B(g_t) - C_B(g_t, S_t) - V_{Bt}) \\
& + P_t(G_B(S_t) - g_t) + \lambda_t (M_B(g_t) - \delta J_{Bt} - N_B(V_t)) \qquad (3.94)
\end{aligned}$$

解得：

$$\frac{\partial H_t}{\partial g_t} = 0$$

$$\Rightarrow \frac{\partial B_B}{\partial g_t} - \frac{\partial C_B}{\partial g_t} - \frac{\partial E_B}{\partial g_t} - P_t - \omega_t \left(\frac{\partial Q_B}{\partial g_t} + \frac{\partial Q_B}{\partial E_B} \times \frac{\partial E_B}{\partial g_t} - \frac{\partial B_B}{\partial g_t} - \frac{\partial C_B}{\partial g_t} \right) + \lambda_t \times \frac{\partial M_B}{\partial g_t} = 0$$

$$\frac{\partial H_t}{\partial V_t} = 0$$

$$\Rightarrow \omega_t = -\lambda_t \times \frac{\partial N_B}{\partial V_t}$$

$$\frac{\mathrm{d}P_t}{\mathrm{d}t} = \rho P_t - P_t \times \frac{\partial G_B(S_t)}{\partial S_t} + \frac{\partial C_B}{\partial S_t} + \omega_t \times \frac{\partial C_B}{\partial S_t}$$

$$\frac{\mathrm{d}\omega_t}{\mathrm{d}t} = \rho \omega_t - \omega_t \times \frac{\partial Q_B}{\partial K_t}$$

$$\frac{\mathrm{d}\lambda_t}{\mathrm{d}t} = \rho \lambda_t + \delta \lambda_t + \frac{\partial E_B}{\partial J_t} - \omega_t \left(\frac{\partial Q_B}{\partial E_B} \times \frac{\partial E_B}{\partial J_t} \right) \tag{3.95}$$

③ 基于渔业资源、劳动力供给和环境约束框架下的生态农业与渔业观光旅游业耦合系统社会福利最大化模型。

目标函数：

$$\max W = \int_{t=0}^{t=\infty} \left(\frac{B_A(g_t)}{L_{At}} + \frac{B_B(g_t)}{L_{Bt}} - \frac{C_A(g_t,S_t)}{L_{At}} - \frac{C_B(g_t,S_t)}{L_{Bt}} \right.$$
$$\left. - \frac{E_A(g_t,J_t)}{L_{At}} - \frac{E_B(g_t,J_t)}{L_{Bt}} \right) e^{-\rho t} \mathrm{d}t$$

$$\mathrm{s.\,t.}\quad \frac{\mathrm{d}S}{\mathrm{d}t} = \frac{G(S_t) - g_t}{L_{At} + L_{Bt}}$$

$$\frac{\mathrm{d}J}{\mathrm{d}t} = \frac{M_A(g_t)}{L_{At}} + \frac{M_B(g_t)}{L_{Bt}} - \frac{\delta_A J_{At}}{L_{At}} - \frac{\delta_B J_{Bt}}{L_{Bt}} - \frac{N(V_t)}{L_{At} + L_{Bt}}$$

$$\frac{\mathrm{d}K}{\mathrm{d}t} = \frac{Q_A(K_t,g_t,E(g_t,J_t))}{L_{At}} + \frac{Q_B(K_t,g_t,E(g_t,J_t))}{L_{Bt}}$$
$$- \left(\frac{B_A(g_t)}{L_{At}} + \frac{B_B(g_t)}{L_{Bt}} \right) - \left(\frac{C_A(g_t,S_t)}{L_{At}} - \frac{C_B(g_t,S_t)}{L_{Bt}} \right) - \frac{V_t}{L_{At} + L_{Bt}}$$

$$\tag{3.96}$$

引入变量 ψ，令 $L_A = \frac{L}{2}(1 + e^{-\frac{1}{\psi}} - e^{-\psi})$，$\psi$ 代表基于渔业资源消耗下的农业相对于旅游业的竞争优势，同时假定等同于旅游业相对农业的竞争劣势。当 $\psi \to 0$，资源趋于向基于渔业资源消耗的旅游业倾斜；当 $\psi \to \infty$，资源趋于向基于渔业资源消耗的农业倾斜。也就是说，ψ 值越小，基于渔业资源消耗下的农业的效用（用人均收益表达）越小于旅游业的效用。

令 $d = \alpha \frac{B_A}{B_B}$，假设 $\alpha = 1$，定义 $r = e^{-\psi} - e^{-\frac{1}{\psi}}$，$\psi \in (0,\infty)$，$r \in (-1,1)$，

则：

$$L_A = L\frac{1-r}{2}, \quad L_B = L\frac{1+r}{2}, \quad L = L_A + L_B$$

因此，目标函数转换为：

$$\max W = \int_{t=0}^{t=\infty} \left(\frac{2}{L}\left(\frac{B_B}{1+r} + \frac{B_A}{1-r} - \frac{C_A(g_t,S_t)}{1-r} - \frac{C_B(g_t,S_t)}{1+r} \right. \right.$$

$$\left. \left. - \frac{E_A(g_t,J_t)}{1-r} - \frac{E_B(g_t,J_t)}{1+r} \right) \right) e^{-\rho t} \mathrm{d}t$$

$$\mathrm{s.t.} \quad \frac{\mathrm{d}K}{\mathrm{d}t} = \frac{2}{L}\left(\frac{Q_A(K_t,g_t,E(g_t,J_t))}{1-r} + \frac{Q_B(K_t,g_t,E(g_t,J_t))}{1+r} \right)$$

$$- \frac{2}{L}\left(\frac{B_A(g_t)}{1-r} + \frac{B_B(g_t)}{1+r} \right) - \frac{2}{L}\left(\frac{C_A(g_t,S_t)}{1-r} + \frac{C_B(g_t,S_t)}{1+r} \right) - \frac{V_t}{L}$$

$$\frac{\mathrm{d}S}{\mathrm{d}t} = \frac{G(S_t) - g_t}{L}$$

$$\frac{\mathrm{d}J}{\mathrm{d}t} = \frac{2}{L}\left(\frac{M_A(g_t)}{1-r} + \frac{M_B(g_t)}{1+r} \right) - \frac{2}{L}\left(\frac{\delta_A J_{At}}{1-r} + \frac{\delta_B J_{Bt}}{1+r} \right) - \frac{N(V_t)}{L} \qquad (3.97)$$

模型的现值 Hamiltonian 函数为：

$$H_t = \frac{2}{L}\left(\frac{B_B(g_t)}{1+r} + \frac{B_A(g_t)}{1-r} - \frac{C_A(g_t,S_t)}{1-r} - \frac{C_B(g_t,S_t)}{1+r} - \frac{E_A(g_t,J_t)}{1-r} - \frac{E_B(g_t,J_t)}{1+r} \right)$$

$$+ P_t\left(\frac{G(S_t) - g_t}{L} \right) + \omega_t\left(\frac{2}{L}\left(\frac{Q_A(K_t,g_t,E(g_t,J_t))}{1-r} + \frac{Q_B(K_t,g_t,E(g_t,J_t))}{1+r} \right) \right.$$

$$- \frac{2}{L}\left(\frac{B_A(g_t)}{1-r} + \frac{B_B(g_t)}{1+r} \right) - \frac{2}{L}\left(\frac{C_A(g_t,S_t)}{1-r} + \frac{C_B(g_t,S_t)}{1+r} \right) - \frac{V_t}{L} \right)$$

$$+ \lambda_t\left(\frac{2}{L}\left(\frac{M_A(g_t)}{1-r} + \frac{M_B(g_t)}{1+r} \right) - \frac{2}{L}\left(\frac{\delta_A J_{At}}{1-r} + \frac{\delta_B J_{Bt}}{1+r} \right) - \frac{N(V_t)}{L} \right) \qquad (3.98)$$

解得：

$$\frac{\partial H_t}{\partial g_t} = 0$$

$$\Rightarrow \frac{2}{L}\left(\frac{\partial B_A}{\partial g_t} \times \frac{1}{1-r} + \frac{\partial B_B}{\partial g_t} \times \frac{1}{1+r} \right) - \frac{2}{L}\left(\frac{\partial C_A}{\partial g_t} \times \frac{1}{1-r} + \frac{\partial C_B}{\partial g_t} \times \frac{1}{1+r} \right)$$

$$- \frac{2}{L}\left(\frac{E_A(g_t, J_t)}{\partial g_t} \times \frac{1}{1-r} + \frac{E_B(g_t, J_t)}{\partial g_t} \times \frac{1}{1+r}\right) - \frac{P_t}{L}$$

$$+ \omega_t \left(\frac{2}{L(1-r)} \times \left(\frac{\partial Q_A}{\partial g_t} + \frac{\partial Q_A}{\partial E_A} \times \frac{\partial E_A}{\partial g_t}\right) + \frac{2}{L(1+r)} \times \left(\frac{\partial Q_B}{\partial g_t} + \frac{\partial Q_B}{\partial E_B} \times \frac{\partial E_B}{\partial g_t}\right)\right.$$

$$- \frac{2}{L}\left(\frac{\partial B_A}{\partial g_t} \times \frac{1}{1-r} + \frac{\partial B_B}{\partial g_t} \times \frac{1}{1+r}\right) - \frac{2}{L}\left(\frac{\partial C_A}{\partial g_t} \times \frac{1}{1-r} + \frac{\partial C_B}{\partial g_t} \times \frac{1}{1+r}\right)\right)$$

$$+ \lambda_t \left(\frac{2}{L}\left(\frac{1}{1-r} \times \frac{\partial M_A}{\partial g_t} + \frac{1}{1+r} \times \frac{\partial M_B}{\partial g_t}\right)\right) = 0$$

$$\frac{\partial H_t}{\partial V_t} = 0$$

$$\Rightarrow \omega_t = \lambda_t \times \frac{\partial N}{\partial V_t}$$

$$\frac{dP_t}{dt} = \rho P_t - P_t \times \frac{1}{L} \times \frac{\partial G(S_t)}{\partial S_t} + \frac{2}{L} \times \omega_t \times \left(\frac{1}{1-r} \times \frac{\partial C_A}{\partial S_t} + \frac{1}{1+r} \times \frac{\partial C_B}{\partial S_t}\right)$$

$$\frac{d\omega_t}{dt} = \rho \omega_t - \omega_t \times \frac{2}{L} \times \left(\frac{1}{1-r} \times \frac{\partial Q_A}{\partial K_t} + \frac{1}{1+r} \times \frac{\partial Q_B}{\partial K_t}\right)$$

$$\frac{d\lambda_t}{dt} = \rho \lambda_t + \frac{2}{L}\lambda_t \left(\frac{1}{1-r} \times \delta_A + \frac{1}{1+r} \times \delta_B\right) + \frac{2}{L} \times \left(\frac{1}{1-r} \times \frac{\partial E_A}{\partial J_t} + \frac{1}{1+r} \times \frac{\partial E_B}{\partial J_t}\right)$$

$$- \frac{2}{L} \times \omega_t \left(\frac{1}{1-r} \times \frac{\partial Q_A}{\partial E_A} \times \frac{\partial E_A}{\partial J_t} + \frac{1}{1+r} \times \frac{\partial Q_B}{\partial E_B} \times \frac{\partial E_B}{\partial J_t}\right) \qquad (3.99)$$

在式（3.90）~式（3.99）中：P_t、ω_t、λ_t 分别表示基于自然资源、劳动力、环境三方约束下的渔业资源、资本存量和环境污染存量的影子价格，是最优化配置的静态条件；$\dfrac{dP_t}{dt}$、$\dfrac{d\omega_t}{dt}$、$\dfrac{d\lambda_t}{dt}$ 分别表示各种影子价格沿着最优路径变动的情况，是最优化配置的动态条件。

通过基于渔业资源、劳动力供给与环境约束框架下的农业与渔业产业系统的耦合升级，改变传统的单一的农业耕作模式，并耦合具有产业相关性的生态旅游业，将提升三峡库区的经济实力，缓解农村剩余劳动力就业压力，改善生态环境，促进不发达地区的跨越式发展。其中，合理确定生态农业与生态旅游业之间的竞争关系 ψ，是准确刻画、描述产业耦合系统对经济、社会、环境影响的关键。

（2）基于林业资源消耗的生态农业与生态林业观光旅游业耦合系统社会福利最大化模型的构建。

① 基于林地资源、劳动力供给和环境约束框架下的农业系统建模。

目标函数：$\max W = \int_{t=0}^{t=\infty} (B_A(f_t) - C_A(f_t, F_t) - E_A(f_t, J_t)) e^{-\rho t} \mathrm{d}t$

s. t. $\dfrac{\mathrm{d}F}{\mathrm{d}t} = G_A(F_t) - f_{At}$

$\dfrac{\mathrm{d}J}{\mathrm{d}t} = M_A(f_t) - \delta J_{At} - N_A(V_t)$

$\dfrac{\mathrm{d}K}{\mathrm{d}t} = Q_A(K_t, f_t, E(f_t, J_t)) - B_A(f_t) - C_A(f_t, F_t) - V_{At}$ （3.100）

其中，B_A 表示依赖林业资源谋生的农业从业人员的总收益。

模型的现值 Hamiltonian 函数为：

$$H_t = (B_A(f_t) - C_A(f_t, F_t) - E_A(f_t, J_t))$$
$$+ \omega_t(Q_A(K_t, f_t, E(f_t, J_t)) - B_A(f_t) - C_A(f_t, F_t) - V_{At})$$
$$+ P_t(G_A(F_t) - f_t) + \lambda_t(M_A(f_t) - \delta J_{At} - N_A(V_t)) \qquad (3.101)$$

解得：

$$\frac{\partial H_t}{\partial f_t} = 0$$

$$\Rightarrow \frac{\partial B_A}{\partial f_t} - \frac{\partial C_A}{\partial f_t} - \frac{\partial E_A}{\partial f_t} - P_t - \omega_t\left(\frac{\partial Q_A}{\partial f_t} + \frac{\partial Q_A}{\partial E_A} \times \frac{\partial E_A}{\partial f_t} - \frac{\partial B_A}{\partial f_t} - \frac{\partial C_A}{\partial f_t}\right) + \lambda_t \times \frac{\partial M_A}{\partial f_t} = 0$$

$$\frac{\partial H_t}{\partial V_t} = 0$$

$$\Rightarrow \omega_t = -\lambda_t \times \frac{\partial N_A}{\partial V_t}$$

$$\frac{\mathrm{d}P_t}{\mathrm{d}t} = \rho P_t - P_t \times \frac{\partial G_A(F_t)}{\partial F_t} + \frac{\partial C_A}{\partial F_t} + \omega_t \times \frac{\partial C_A}{\partial F_t}$$

$$\frac{\mathrm{d}\omega_t}{\mathrm{d}t} = \rho \omega_t - \omega_t \times \frac{\partial Q_A}{\partial K_t}$$

$$\frac{\mathrm{d}\lambda_t}{\mathrm{d}t} = \rho \lambda_t + \delta \lambda_t + \frac{\partial E_A}{\partial J_t} - \omega_t\left(\frac{\partial Q_A}{\partial E_A} \times \frac{\partial E_A}{\partial J_t}\right) \qquad (3.102)$$

② 基于林地资源、劳动力供给和环境约束框架下的旅游业系统建模。

目标函数：$\max W = \int_{t=0}^{t=\infty} (B_B(f_t) - C_B(f_t, F_t) - E_B(f_t, J_t)) e^{-\rho t} \mathrm{d}t$

$$\text{s. t. } \frac{\mathrm{d}F}{\mathrm{d}t} = G_B(F_t) - f_{Bt}$$

$$\frac{\mathrm{d}J}{\mathrm{d}t} = M_B(f_t) - \delta J_{Bt} - N_B(V_t)$$

$$\frac{\mathrm{d}K}{\mathrm{d}t} = Q_B(K_t, f_t, E(f_t, J_t)) - B_B(f_t) - C_B(f_t, F_t) - V_{Bt} \quad (3.103)$$

其中，B_B 表示依赖林业资源谋生的旅游业从业人员的总收益。

模型的现值 Hamiltonian 函数为：

$$\begin{aligned} H_t &= (B_B(f_t) - C_B(f_t, F_t) - E_B(f_t, J_t)) + \omega_t (Q_B(K_t, f_t, E(f_t, J_t)) \\ &\quad - B_B(f_t) - C_B(f_t, F_t) - V_{Bt}) + P_t(G_B(F_t) - f_t) \\ &\quad + \lambda_t(M_B(f_t) - \delta J_{Bt} - N_B(V_t)) \end{aligned} \quad (3.104)$$

解得：

$$\frac{\partial H_t}{\partial f_t} = 0$$

$$\Rightarrow \frac{\partial B_B}{\partial f_t} - \frac{\partial C_B}{\partial f_t} - \frac{\partial E_B}{\partial f_t} - P_t - \omega_t \left(\frac{\partial Q_B}{\partial f_t} + \frac{\partial Q_B}{\partial E_B} \times \frac{\partial E_B}{\partial f_t} - \frac{\partial B_B}{\partial f_t} - \frac{\partial C_B}{\partial f_t} \right) + \lambda_t \times \frac{\partial M_B}{\partial f_t} = 0$$

$$\frac{\partial H_t}{\partial V_t} = 0$$

$$\Rightarrow \omega_t = - \lambda_t \times \frac{\partial N_B}{\partial V_t}$$

$$\frac{\mathrm{d}P_t}{\mathrm{d}t} = \rho P_t - P_t \times \frac{\partial G_B(F_t)}{\partial F_t} + \frac{\partial C_B}{\partial F_t} + \omega_t \times \frac{\partial C_B}{\partial F_t}$$

$$\frac{\mathrm{d}\omega_t}{\mathrm{d}t} = \rho \omega_t - \omega_t \times \frac{\partial Q_B}{\partial K_t}$$

$$\frac{\mathrm{d}\lambda_t}{\mathrm{d}t} = \rho \lambda_t + \delta \lambda_t + \frac{\partial E_B}{\partial J_t} - \omega_t \left(\frac{\partial Q_B}{\partial E_B} \times \frac{\partial E_B}{\partial J_t} \right) \quad (3.105)$$

③ 基于林地资源、劳动力供给和环境约束框架下的生态农业与生态林业

观光旅游业耦合系统社会福利最大化模型。

目标函数：

$$\max W = \int_{t=0}^{t=\infty} \left(\frac{B_A(f_t)}{L_{At}} + \frac{B_B(f_t)}{L_{Bt}} - \frac{C_A(f_t, F_t)}{L_{At}} - \frac{C_B(f_t, F_t)}{L_{Bt}} \right.$$

$$\left. - \frac{E_A(f_t, J_t)}{L_{At}} - \frac{E_B(f_t, J_t)}{L_{Bt}} \right) e^{-\rho t} \mathrm{d}t$$

$$\text{s. t.} \quad \frac{\mathrm{d}F}{\mathrm{d}t} = \frac{G(F_t) - f_t}{L_{At} + L_{Bt}}$$

$$\frac{\mathrm{d}J}{\mathrm{d}t} = \frac{M_A(f_t)}{L_{At}} + \frac{M_B(f_t)}{L_{Bt}} - \frac{\delta_A J_{At}}{L_{At}} - \frac{\delta_B J_{Bt}}{L_{Bt}} - \frac{N(V_t)}{L_{At} + L_{Bt}}$$

$$\frac{\mathrm{d}K}{\mathrm{d}t} = \frac{Q_A(K_t, f_t, E(f_t, J_t))}{L_{At}} + \frac{Q_B(K_t, f_t, E(f_t, J_t))}{L_{Bt}}$$

$$- \left(\frac{B_A(f_t)}{L_{At}} + \frac{B_B(f_t)}{L_{Bt}} \right) - \left(\frac{C_A(f_t, F_t)}{L_{At}} - \frac{C_B(f_t, F_t)}{L_{Bt}} \right) - \frac{V_t}{L_{At} + L_{Bt}}$$

$$(3.106)$$

引入变量 ψ，令 $L_A = \frac{L}{2}(1 + e^{-\frac{1}{\psi}} - e^{-\psi})$，$\psi$ 代表基于林业资源消耗下的农业相对于旅游业的竞争优势，同时假定等同于旅游业相对农业的竞争劣势。当 $\psi \to 0$，资源趋于向基于林业资源消耗的旅游业倾斜；当 $\psi \to \infty$，资源趋于向基于林业资源消耗的农业倾斜。也就是说，ψ 值越小，基于林业资源消耗下的农业效用（用人均收益表达）越小于旅游业效用。

令 $d = \alpha \frac{B_A}{B_B}$，假设 $\alpha = 1$，定义 $r = e^{-\psi} - e^{-\frac{1}{\psi}}$，$\psi \in (0, \infty)$，$r \in (-1, 1)$，则：

$$L_A = L \frac{1-r}{2}, \quad L_B = L \frac{1+r}{2}, \quad L = L_A + L_B$$

因此，目标函数转换为：

$$\max W = \int_{t=0}^{t=\infty} \left(\frac{2}{L} \left(\frac{B_B}{1+r} + \frac{B_A}{1-r} - \frac{C_A(f_t, F_t)}{1-r} - \frac{C_B(f_t, F_t)}{1+r} \right. \right.$$

$$\left. \left. - \frac{E_A(f_t, J_t)}{1-r} - \frac{E_B(f_t, J_t)}{1+r} \right) \right) e^{-\rho t} \mathrm{d}t$$

$$\text{s. t. } \frac{\mathrm{d}K}{\mathrm{d}t} = \frac{2}{L}\left(\frac{Q_A(K_t, f_t, E(f_t, J_t))}{1-r} + \frac{Q_B(K_t, f_t, E(f_t, J_t))}{1+r}\right)$$

$$- \frac{2}{L}\left(\frac{B_A(f_t)}{1-r} + \frac{B_B(f_t)}{1+r}\right) - \frac{2}{L}\left(\frac{C_A(f_t, F_t)}{1-r} + \frac{C_B(f_t, F_t)}{1+r}\right) - \frac{V_t}{L}$$

$$\frac{\mathrm{d}F}{\mathrm{d}t} = \frac{G(F_t) - f_t}{L}$$

$$\frac{\mathrm{d}J}{\mathrm{d}t} = \frac{2}{L}\left(\frac{M_A(f_t)}{1-r} + \frac{M_B(f_t)}{1+r}\right) - \frac{2}{L}\left(\frac{\delta_A J_{At}}{1-r} + \frac{\delta_B J_{Bt}}{1+r}\right) - \frac{N(V_t)}{L} \qquad (3.107)$$

模型的现值 Hamiltonian 函数为:

$$H_t = \frac{2}{L}\left(\frac{B_B(f_t)}{1+r} + \frac{B_A(f_t)}{1-r} - \frac{C_A(f_t, F_t)}{1-r} - \frac{C_B(f_t, F_t)}{1+r} - \frac{E_A(f_t, J_t)}{1-r} - \frac{E_B(f_t, J_t)}{1+r}\right)$$

$$+ P_t\left(\frac{G(F_t) - f_t}{L}\right) + \omega_t\left(\frac{2}{L}\left(\frac{Q_A(K_t, f_t, E(f_t, J_t))}{1-r} + \frac{Q_B(K_t, f_t, E(f_t, J_t))}{1+r}\right)\right.$$

$$- \frac{2}{L}\left(\frac{B_A(f_t)}{1-r} + \frac{B_B(f_t)}{1+r}\right) - \frac{2}{L}\left(\frac{C_A(f_t, F_t)}{1-r} + \frac{C_B(f_t, F_t)}{1+r}\right) - \frac{V_t}{L}\right)$$

$$+ \lambda_t\left(\frac{2}{L}\left(\frac{M_A(f_t)}{1-r} + \frac{M_B(f_t)}{1+r}\right) - \frac{2}{L}\left(\frac{\delta_A J_{At}}{1-r} + \frac{\delta_B J_{Bt}}{1+r}\right) - \frac{N(V_t)}{L}\right) \qquad (3.108)$$

解得:

$$\frac{\partial H_t}{\partial f_t} = 0$$

$$\Rightarrow \frac{2}{L}\left(\frac{\partial B_A}{\partial f_t} \times \frac{1}{1-r} + \frac{\partial B_B}{\partial f_t} \times \frac{1}{1+r}\right) - \frac{2}{L}\left(\frac{\partial C_A}{\partial f_t} \times \frac{1}{1-r} + \frac{\partial C_B}{\partial f_t} \times \frac{1}{1+r}\right)$$

$$- \frac{2}{L}\left(\frac{E_A(f_t, J_t)}{\partial f_t} \times \frac{1}{1-r} + \frac{E_B(f_t, J_t)}{\partial f_t} \times \frac{1}{1+r}\right) - \frac{P_t}{L}$$

$$+ \omega_t\left(\frac{2}{L(1-r)} \times \left(\frac{\partial Q_A}{\partial f_t} + \frac{\partial Q_A}{\partial E_A} \times \frac{\partial E_A}{\partial f_t}\right) + \frac{2}{L(1+r)} \times \left(\frac{\partial Q_B}{\partial f_t} + \frac{\partial Q_B}{\partial E_B} \times \frac{\partial E_B}{\partial f_t}\right)\right.$$

$$- \frac{2}{L}\left(\frac{\partial B_A}{\partial f_t} \times \frac{1}{1-r} + \frac{\partial B_B}{\partial f_t} \times \frac{1}{1+r}\right) - \frac{2}{L}\left(\frac{\partial C_A}{\partial f_t} \times \frac{1}{1-r} + \frac{\partial C_B}{\partial f_t} \times \frac{1}{1+r}\right)\right)$$

$$+ \lambda_t\left(\frac{2}{L}\left(\frac{1}{1-r} \times \frac{\partial M_A}{\partial f_t} + \frac{1}{1+r} \times \frac{\partial M_B}{\partial f_t}\right)\right) = 0$$

$$\frac{\partial H_t}{\partial V_t} = 0$$

$$\Rightarrow \omega_t = \lambda_t \times \frac{\partial N}{\partial V_t}$$

$$\frac{\mathrm{d}P_t}{\mathrm{d}t} = \rho P_t - P_t \times \frac{1}{L} \times \frac{\partial G(F_t)}{\partial F_t} + \frac{2}{L} \times \omega_t \times \left(\frac{1}{1-r} \times \frac{\partial C_A}{\partial F_t} + \frac{1}{1+r} \times \frac{\partial C_B}{\partial F_t} \right)$$

$$\frac{\mathrm{d}\omega_t}{\mathrm{d}t} = \rho \omega_t - \omega_t \times \frac{2}{L} \times \left(\frac{1}{1-r} \times \frac{\partial Q_A}{\partial K_t} + \frac{1}{1+r} \times \frac{\partial Q_B}{\partial K_t} \right)$$

$$\frac{\mathrm{d}\lambda_t}{\mathrm{d}t} = \rho \lambda_t + \frac{2}{L} \lambda_t \left(\frac{1}{1-r} \times \delta_A + \frac{1}{1+r} \times \delta_B \right) + \frac{2}{L} \times \left(\frac{1}{1-r} \times \frac{\partial E_A}{\partial J_t} + \frac{1}{1+r} \times \frac{\partial E_B}{\partial J_t} \right)$$

$$- \frac{2}{L} \times \omega_t \left(\frac{1}{1-r} \times \frac{\partial Q_A}{\partial E_A} \times \frac{\partial E_A}{\partial J_t} + \frac{1}{1+r} \times \frac{\partial Q_B}{\partial E_B} \times \frac{\partial E_B}{\partial J_t} \right) \tag{3.109}$$

在式（3.100）~式（3.109）中：P_t、ω_t、λ_t 分别表示基于自然资源、劳动力、环境三方约束下的林业资源、资本存量和环境污染存量的影子价格，是最优化配置的静态条件；$\frac{\mathrm{d}P_t}{\mathrm{d}t}$、$\frac{\mathrm{d}\omega_t}{\mathrm{d}t}$、$\frac{\mathrm{d}\lambda_t}{\mathrm{d}t}$ 分别表示各种影子价格沿着最优路径变动的情况，是最优化配置的动态条件。

通过基于渔业和林地资源、劳动力供给与环境约束框架下的农业与旅游业产业系统的耦合升级，改变传统的林地消耗农业耕作模式，并耦合具有产业相关性的生态旅游业，将提升三峡库区的经济实力，缓解农村剩余劳动力就业压力，改善生态环境，促进不发达地区的跨越式发展。其中，合理确定生态农业与生态旅游业之间的竞争关系 ψ，是准确刻画、描述产业耦合系统对经济、社会、环境影响的关键。

3.4　本章小结

产业耦合系统由自然资源子系统、人口子系统、市场子系统、环境子系统（主要包括污染物的监测、计算、分析、预测与控制）、政府监管和制度子系统等诸多子系统构成。

在开放系统中，不同产业间的关系基本上分为竞争、互补与不相关三种。

资源消耗型产业在环境污染以及技术进步相关的人力资本积累（包括原始资源的二次开发利用和产业污染物的治理）的约束下，在实现稳态经济增长的路径上，根据不同的考虑可以得到以下几种不同的结论：

（1）倘若考虑对污染治理的投入（这里仅仅指污染无害化处理，不包括对废物的再利用），且假定其治理的成本与效果得到完美体现（即假设的成本系数和治理系数均稳定有效），那么，经济增长的速度，或者说向最优稳态经济增长路径收敛的速度将保持一个常量不变。

（2）倘若不考虑对污染治理的投入（这里仅仅指污染无害化处理，不包括对废物的再利用），那么，经济增长的速度，或者说向最优稳态经济增长路径收敛的速度将是一个变化值，并受到原始资源和二次再利用资源间的技术替代率 π 的影响。替代率越高，经济系统向最优稳态经济增长路径收敛的速度就越快。

（3）基于资源消耗和循环利用的系统中，在长期均衡下稳态的最优增长路径上，经济产出 Y（也就是 Q）将保持一个稳定的增速发展，其增速与原始资源和二次再利用资源间的技术替代率 π 无关，而是与大系统中其他的关键参数（诸如 $B, \theta, \sigma_1, \sigma_2 \cdots \cdots$）的取值有关。换句话说，当 $\pi < 1$ 时，经济系统将消耗更多的劳动力、时间和人力资本积累来达到最优增长速率 g_Y^*，一旦达到，经济系统将保持一个稳定的速度向前发展。

（4）在满足函数为正的给定参数条件下，$E_{\pi<1}^* > E_{\pi=1}^*$。换句话说，在基于资源消耗经济系统的最优稳态增长路径上，不完全的一、二次资源替代较之充分的资源回收再利用而言，将消耗更多的原始资源以达到稳态增长。由于对原始资源的消耗增加，将对环境污染及整个社会福利产生更大的负面影响。

（5）在基于资源消耗经济系统的最优稳态增长路径上，不完全的一、二次资源替代较之充分的资源回收再利用而言，将对环境污染及整个社会福利产生更大的负面影响。换句话说，尽量做到变废为宝，将一次资源产生的废物最大程度地转化为二次资源将为社会带来更大的福利。

（6）在基于资源消耗经济系统的最优稳态增长路径上，原始资源与回收再利用资源的影子价格的增速与两者间的替代率 π 无关。

（7）由于模型构架时做出"资源开采成本应该随着剩余的有限资源存量趋近于零而以一个不断增长的速度上升"的假设，原始资源的增速要更快些。但倘若不考虑资源的开采成本递增问题，则将满足 $g_\lambda = g_P$，这与瓦尔拉斯一般均衡的结论吻合。

（8）在基于资源消耗经济系统的最优稳态增长路径上，通过对原始资源消耗产生的废物的回收再利用，得到的二次资源将继续为经济系统的增长做出贡献，直至原始资源的影子价格等于其在经济系统中的边际净产出（即边际产出价值减去边际开采成本），经济增长达到稳态。

对于农业与旅游业两大产业耦合后的大系统产业而言，相互合作比相互竞争对于不可再生资源的开发和消耗更具有可持续性。合作性产业耦合通过对基于不可再生资源生产出的产品的价格控制来延长资源的开采和使用时间，因此，在一定程度上延缓了不可再生资源的消耗。

生态农业与生态旅游业产业系统的耦合升级，改变了传统的单一的农业耕作模式，并耦合具有产业相关性的生态旅游业，将提升三峡库区的经济实力，缓解农村剩余劳动力就业压力，改善生态环境，促进不发达地区的跨越式发展。其中，合理确定生态农业与生态旅游业之间的竞争关系 ψ，是准确刻画、描述产业耦合系统对经济、社会、环境影响的关键。

4 产业系统发展中的环境
容量影响分析

近年来对于产业发展的环境容量分析著作颇丰。托曼和维塔根（Toman and Withagen，2000）、舒威（Chevé，2002）、海迪格（Hediger，2006）均建立了各自的产业污染控制模型，但是普遍地忽视了产业污染的衰减（或降解、自净能力）分析。对于环境容量而言，污染物的衰减和自净通常被看作是一个常数，但事实上，污染物的衰减、降解、自净往往是一个动态的过程，并且污染物的自净能力也会随着污染排放的水平动态衰减，而动态过程又势必伴随着最优化配置，一般来说，经济学习惯采用影子价格分析此最优化过程。因此，本章主要对产业系统中的环境容量与污染衰减因素进行模型刻画，并分析其对产业发展的影响。

4.1 产业发展的环境容量及污染衰减模型

4.1.1 模型构建

延续第 3 章思路，构建一个社会福利函数：

$$\max W = \int_0^{+\infty} U(P(t), A(t)) \times e^{-\rho t} \mathrm{d}t$$

$$= \int_0^{+\infty} (F(P(t)) - D(P(t), A(t))) \times e^{-\rho t} \mathrm{d}t$$

$$\text{s. t. } A'(t) = -h(P(t), A(t)) \tag{4.1}$$

其中，$U(P(t), A(t))$ 表示关于污染水平 $P(t)$ 和污染衰减（或降解、自净能力）水平 $A(t)$ 的效用函数；$A(0) = A_0$ 表示污染物的初始衰减（或自净）能力，即环境背景容量。

假设企业排放污染时，环境容量和污染物的衰减能力不可恢复和改善。则有：

第一，$U(P(t), A(t))$ 为凹函数，由两个子函数组成。一是产业发展获得的收益函数 $F(P(t))$，在这个过程中产业获得收益但产生污染；二是污染物的产生和排放造成的污染社会损害函数 $D(P(t), A(t))$。

第二，收益函数 $F(P(t)) > 0$，为凹函数，收益函数随着污染水平的增加而增加，但受到边际效率递减的影响，增加的速率不断减小。有 $F'_P > 0$，$F''_{PP} < 0$，$F_0 > 0$，$\lim_{P \to 0}(F'_P) < +\infty$。由于私人生产为了追求利益最大化而忽略污染的外部负效应，且假定不考虑由技术进步带来的污染排放效率的变化，有最优污染水平 X_P，且 $F'(X_P) = 0$。

第三，污染损害函数 $D(P(t), A(t)) > 0$，函数受污染水平 $P(t)$ 和污染物衰减水平 $A(t)$ 的影响，并进一步假设 $D = P - A$，有 $D'_P = D'(P(t), A(t)) = D'$，$D'_A = -D'(P(t), A(t)) = -D'$。

第四，当私人生产排放的污染物水平低于环境的自我衰减水平时，污染损害函数 D 为 0，当私人生产排放的污染物水平高于环境的自我衰减水平时，污染损害函数 D 不断增加。因此有：

$$\forall P(t) < A(t) \Rightarrow D'_P(P(t), A(t)) = -D'_A(P(t), A(t)) = 0$$

$$\forall P(t) \geq A(t) \Rightarrow D'_P(P(t), A(t)) = -D'_A(P(t), A(t)) > 0$$

$$\forall P(t) \geq A(t) \Rightarrow D''_{PA}(P(t), A(t)) = D''_{AP}(P(t), A(t)) < 0$$

$$\forall P(t) \geq A(t) \Rightarrow D''_{AA}(P(t), A(t)) = D''_{PP}(P(t), A(t)) > 0 \tag{4.2}$$

随着污染水平的不断增加，污染损害将不断增加，有：

$$\lim_{A \to 0} D'_P(P(t), A(t)) = \lim_{A \to 0} -D'_A(P(t), A(t)) = L \gg 0$$

第五，$h(P(t), A(t))$ 是表示污染物的衰减（或降解、自净）能力的衰减函数；$A'(t) = -h(P(t),A(t))$ 表示污染物的衰减和自净过程是动态的，受到污染水平和污染物本身的衰减能力的影响。当 $P(t) > A(t)$ 时，污染排放水平超出了污染的自我降解能力，$h(P(t),A(t)) > 0$，环境持续恶化，环境容量不断降低；当 $P(t) \leqslant A(t)$ 时，污染的自我降解能力高于污染排放水平，$h(P(t),A(t)) = 0$，环境可持续发展。同理也有：

$$A'(t) = -h(P(t),A(t)) < 0$$

$$\forall P(t) < A(t) \Rightarrow h'_P(P(t),A(t)) = -h'_A(P(t),A(t)) = 0$$

$$\forall P(t) \geqslant A(t) \Rightarrow h'_P(P(t),A(t)) = -h'_A(P(t),A(t)) > 0$$

$$\forall P(t) \geqslant A(t) \Rightarrow h''_{PA}(P(t),A(t)) = h''_{AP}(P(t),A(t)) < 0$$

$$\forall P(t) \geqslant A(t) \Rightarrow h''_{AA}(P(t),A(t)) = h''_{PP}(P(t),A(t)) > 0 \qquad (4.3)$$

随着污染水平的不断增加，污染物的衰减（或降解、自净）能力将不断衰减，有：

$$\lim_{A \to 0} h'_A(P(t),A(t)) = \lim_{A \to 0} h'_P(P(t),A(t)) = 0$$

第六，理性的生产行为将保持在 $0 \leqslant A(t) < X_P$ 范围内，可持续的生产行为将保持在 $A(t) \leqslant A_0$ 范围内。因此，既符合社会利益又符合生产者利益的生产行为将保持在 $0 \leqslant A(t) \leqslant A_0 < X_P$ 范围内。

4.1.2 产业发展的环境容量及污染衰减分析

式（4.1）的现值 Hamiltonian 函数为：

$$H(t) = F(P(t)) - D(P(t),A(t)) - \lambda \times h(P(t),A(t)), \lambda \geqslant 0$$

$$(4.4)$$

（1）Hamiltonian 函数存在极大值的证明。

Hamiltonian 函数存在极大值需要保证函数为凹函数。下面来证明上述 Hamiltonian 函数的严格凹性。

上述 Hamiltonian 函数的 Hessian 矩阵为：

$$\begin{pmatrix} H_{PP} & H_{PA} \\ H_{AP} & H_{AA} \end{pmatrix} \tag{4.5}$$

$$H_{PP} = F''_{PP} - D''_{PP} - \lambda \times h''_{PP} < 0$$

$$H_{AA} = F''_{AA} - D''_{AA} - \lambda \times h''_{AA} < 0$$

$$H_{PP}H_{AA} - (H_{PA})^2 = - D''F'' > 0 \tag{4.6}$$

可见 Hamiltonian 函数严格地凹，存在一个极大值的内部解。

（2）现值 Hamiltonian 函数的求解。

根据 Pontryagin 最大值原理，Hamiltonian 函数存在极大值的一阶必要条件为：

$$\frac{\mathrm{d}H}{\mathrm{d}P} = 0$$

$$\frac{\mathrm{d}H}{\mathrm{d}A} = \rho\lambda - \dot{\lambda}$$

$$\frac{\mathrm{d}H}{\mathrm{d}\lambda} = \dot{A} \tag{4.7}$$

由（4.7）可得：

$$F'_P = D'_P + \lambda h'_P \Rightarrow \lambda = \frac{F'_P - D'_P}{h'_P}$$

$$\rho\lambda - \dot{\lambda} = - D'_A - \lambda h'_A \Rightarrow \dot{\lambda} = \lambda(\rho + h'_A) + D'_A$$

$$\Rightarrow \frac{\dot{\lambda}}{\lambda} = \rho + h'_A + \frac{D'_A h'_P}{F'_P - D'_P}$$

$$\dot{A} = - h \tag{4.8}$$

由式（4.8）可知：

第一，污染产生的净私人收益应等于该单位污染产生的总边际损失。而总边际损失包括污染产生的边际损失加上减少的边际污染衰减率。

第二，影子价格 λ 的变化率不仅受贴现率 ρ 和衰减函数导数 h'_A 的影响，还受到与衰减相关的社会价值 $\dfrac{D'_A h'_P}{F'_P - D'_P}$ 的影响。而且，倘若处于完全竞争市场中，当 A 足够低，有 $h'_A + \dfrac{D'_A h'_P}{F'_P - D'_P} < 0$。

第三，产业发展最优化路径上污染排放、衰减与环境容量的动态变化。由于在最优化路径上，污染排放将严格按照 Hamiltonian 函数的一阶条件进行动态调整，因此考虑污染排放是一个关于 λ 和 A 的隐函数。假设 $P = P(\lambda, A)$，有：

$$U'_P(P(\lambda,A),A) - \lambda h'_P(P(\lambda,A),A) = 0 \tag{4.9}$$

式（4.9）对 λ 求全微分，得：

$$\frac{\mathrm{d}P(\lambda,A)}{\mathrm{d}\lambda} = \frac{h'_P}{U''_{PP} - \lambda h''_{PP}} \tag{4.10}$$

由于 $h'_P > 0, U''_{PP} < 0, \lambda > 0, h''_{PP} < 0$，有：

$$\frac{\mathrm{d}P(\lambda,A)}{\mathrm{d}\lambda} < 0 \tag{4.11}$$

式（4.9）对 A 求全微分，得：

$$\frac{\mathrm{d}P(\lambda,A)}{\mathrm{d}A} = \frac{\lambda h''_{PA} - U''_{PA}}{U''_{PP} - \lambda h''_{PP}} \tag{4.12}$$

由于 $h'_P > 0, U''_{PP} < 0, U''_{PA} > 0, \lambda > 0, h''_{PP} > 0, h''_{PA} < 0$，有：

$$\frac{\mathrm{d}P(\lambda,A)}{\mathrm{d}A} > 0 \tag{4.13}$$

由式（4.8）可以得到：

$$\text{当} \lambda(\rho + h'_A) > -D'_A \text{时，有} \dot{\lambda} > 0$$
$$\text{当} \lambda(\rho + h'_A) = -D'_A \text{时，有} \dot{\lambda} = 0$$
$$\text{当} \lambda(\rho + h'_A) < -D'_A \text{时，有} \dot{\lambda} < 0 \tag{4.14}$$

$$\text{当} -h > 0 \text{时，有} \dot{A} > 0$$
$$\text{当} -h = 0 \text{时，有} \dot{A} = 0$$
$$\text{当} -h < 0 \text{时，有} \dot{A} < 0 \tag{4.15}$$

当 $\dot{\lambda} = 0$ 时，式 (4.14) 对 A 求全微分，得：

$$\frac{\mathrm{d}\lambda}{\mathrm{d}A} = -\frac{\dfrac{\mathrm{d}P(\lambda,A)}{\mathrm{d}A} \cdot (\lambda h''_{AP} + D''_{AP}) + \lambda h''_{AA} + D''_{AA}}{\rho + h'_A + \dfrac{\mathrm{d}P(\lambda,A)}{\mathrm{d}\lambda} \cdot (\lambda h''_{AP} + D''_{AP})} \qquad (4.16)$$

同理，当 $\dot{A} = 0$ 时，式 (4.15) 对 A 求全微分，得：

$$\frac{\mathrm{d}\lambda}{\mathrm{d}A} = -\frac{\dfrac{\mathrm{d}P(\lambda,A)}{\mathrm{d}A} \cdot h'_P + h'_A}{\dfrac{\mathrm{d}P(\lambda,A)}{\mathrm{d}\lambda} \cdot h'_P} = \frac{\left(1 - \dfrac{\mathrm{d}P(\lambda,A)}{\mathrm{d}A}\right) \cdot h'_P}{\dfrac{\mathrm{d}P(\lambda,A)}{\mathrm{d}\lambda} \cdot h'_P} \qquad (4.17)$$

由式 (4.8) 可知，当 $P > A$ 时，$\lambda h''_{AP} + D''_{AP} = \lambda h''_{PA} + D''_{PA} \cdot F''_{PA} = 0$ ；当 $P < A$ 时，$h''_{AP} = D''_{AP} = 0$ 。结合式 (4.16)，当 $\dot{\lambda} = 0$ 时有：

$$当 \rho + h'_A > 0 \Rightarrow \rho > -h'_A 时，\frac{\mathrm{d}\lambda}{\mathrm{d}A} < 0$$

$$当 \rho + h'_A < 0 \Rightarrow \rho < -h'_A 时，\frac{\mathrm{d}\lambda}{\mathrm{d}A} > 0$$

$$当 \rho + h'_A = 0 \Rightarrow \rho = -h'_A 时，\frac{\mathrm{d}\lambda}{\mathrm{d}A} = 0 \qquad (4.18)$$

结合式 (4.13)、式 (4.17)，当 $\dot{A} = 0$ 可得：

$$当 \frac{\mathrm{d}P(\lambda,A)}{\mathrm{d}A} > 1 时，\frac{\mathrm{d}\lambda}{\mathrm{d}A} < 0$$

$$当 0 < \frac{\mathrm{d}P(\lambda,A)}{\mathrm{d}A} < 1 时，\frac{\mathrm{d}\lambda}{\mathrm{d}A} > 0$$

$$当 \frac{\mathrm{d}P(\lambda,A)}{\mathrm{d}A} = 1 时，\frac{\mathrm{d}\lambda}{\mathrm{d}A} = 0 \qquad (4.19)$$

由式 (4.18)、式 (4.19) 可以得到以下结论：

第一，在 $P = P(\lambda,A)$ 中，$A \in (0, X_P)$ ，$\lambda \in (0, +\infty)$ 。

第二，当 $\dot{\lambda} = 0$ 时，等斜线 I_λ 的单调性随着贴现率 ρ 和 h'_A 的取值而变化，遵行可持续发展的基本原理，假设贴现率 ρ 尽量大，则等斜线 I_λ 单调递减。$\dot{\lambda} > 0$ 处于等斜线 I_λ 的右边，$\dot{\lambda} < 0$ 处于等斜线 I_λ 的左边。

第三，当 $\dot{A} = 0$ 时，等斜线 I_A 单调递减。

第四，等斜线 I_λ 与等斜线 I_A 交于均衡点 $E(A_e, \lambda_e)$。当污染物的初始衰减（或自净）能力 A_0 大于 A_e 时，最优路径应该在 λ_0 上，并最终处于均衡点 $E(A_e, \lambda_e)$。由于 $\dot{A} < 0$，污染排放 P 将超过污染物的衰减能力，直至达到稳定状态，使得 $P = A_e$。在这个过程中，影子价格 λ 不断增加，污染物排放水平 P 不断下降；当污染物的初始衰减（或自净）能力 A_0 小于 A_e 时，最优路径将不会达到稳态，最终资源和污染物的自我衰减净化能力将完全耗尽。

4.2 环境容量可恢复情况下的产业发展及污染物衰减模型

4.1 节描述了在没有技术进步和投资改善环境质量的假设下，产业发展的情况。下面考虑政府和企业采取措施改善环境质量以及修复环境容量的情况。由于实施了环境改善措施，环境中污染物的衰减和降解条件得到修复，因此有 $A'(t) = -h(P(t), A(t))$，表示污染物的衰减和自净过程是动态的，受到污染水平和污染物本身的衰减能力的影响。当 $P(t) > A(t)$ 时，污染排放水平超出了污染的自我降解能力，$h(P(t), A(t)) > 0$，环境持续恶化，环境容量不断降低；当 $P(t) < A(t)$ 时，污染的自我降解能力高于污染排放水平，$h(P(t), A(t)) < 0$，人为的投资和技术进步等环境改善措施将提高环境质量；当 $P(t) = A(t)$ 时，$h(P(t), A(t)) = 0$。同理有 $\forall P(t), h'_P(P(t), A(t)) = -h'_A(P(t), A(t)) > 0$。

假设存在初始环境背景容量下的初始污染衰减水平 A_0，且在产业发展的过程中，环境生态系统自身对外来生产活动的影响具有一定的调节能力，在一定程度上能自我净化经济生产所产生的大气、水体、固体废弃物污染。但这种自我调节能力有一个环境阈值 $\bar{A}$，超过这个阈值 $\bar{A}$ 就会导致环境的不可逆破坏。因此有 $A_0 \leqslant \bar{A}$。

4.2.1　模型构建

构建一个社会福利函数：

$$\max W = \int_0^{+\infty} U(P(t),A(t)) \times e^{-\rho t} \mathrm{d}t$$

$$= \int_0^{+\infty} (F(P(t)) - D(P(t),A(t))) \times e^{-\rho t} \mathrm{d}t$$

$$\mathrm{s.t.}\ A'(t) = -h(P(t),A(t))$$

$$A_t \leqslant \bar{A} \tag{4.20}$$

其中，$U(P(t),A(t))$ 表示关于污染水平 $P(t)$ 和污染衰减（或降解、自净能力）水平 $A(t)$ 的效用函数；$A(0) = A_0$ 表示污染物的初始衰减（或自净）能力，即环境背景容量。

假设产业排放污染时，人为的投资和技术进步等环境改善措施将提高环境质量，也就是说，环境容量和污染物的衰减能力可以得到恢复和改善。则有：

第一，$U(P(t),A(t))$ 为凹函数，由两个子函数组成。一是产业发展获得的收益函数 $F(P(t))$，在这个过程中产业获得收益但产生污染；二是污染物的产生和排放造成的污染社会损害函数 $D(P(t),A(t))$。

第二，收益函数 $F(P(t)) > 0$，为凹函数，收益函数随着污染水平的增加而增加，但受到边际效率递减的影响，增加的速率不断减小。有 $F'_P > 0, F''_{PP} < 0$，$F_0 > 0, \lim\limits_{P \to 0}(F'_P) < +\infty$。

第三，污染损害函数 $D(P(t),A(t)) > 0$，函数受污染水平 $P(t)$ 和污染物衰减水平 $A(t)$ 的影响，并进一步假设 $D = P - A$，有 $D'_P = D'(P(t),A(t)) = D'$，$D'_A = -D'(P(t),A(t)) = -D'$。

第四，当私人生产排放的污染物水平低于环境的自我衰减水平时，污染损害函数 D 为 0，当私人生产排放的污染物水平高于环境的自我衰减水平时，污染损害函数 D 不断增加。因此有：

$$\forall P(t) < A(t) \Rightarrow D'_P(P(t),A(t)) = -D'_A(P(t),A(t)) = 0$$

$$\forall P(t) \geqslant A(t) \Rightarrow D'_P(P(t),A(t)) = -D'_A(P(t),A(t)) > 0$$

$$\forall P(t) \geqslant A(t) \Rightarrow D''_{PA}(P(t),A(t)) = D''_{AP}(P(t),A(t)) < 0$$

$$\forall P(t) \geqslant A(t) \Rightarrow D''_{AA}(P(t),A(t)) = D''_{PP}(P(t),A(t)) > 0 \quad (4.21)$$

随着污染水平的不断增加，污染损害将不断增加，有：

$$\lim_{A \to 0} D'_P(P(t),A(t)) = \lim_{A \to 0} - D'_A(P(t),A(t)) = L \geqslant 0$$

第五，$h(P(t),A(t))$ 是表示污染物的衰减（或降解、自净）能力的衰减函数；$A'(t) = -h(P(t),A(t))$ 表示污染物的衰减和自净过程是动态的，受到污染水平和污染物本身的衰减能力的影响。当 $P(t) > A(t)$ 时，污染排放水平超出了污染的自我降解能力，$h(P(t),A(t)) > 0$，环境持续恶化，环境容量不断降低；当 $P(t) < A(t)$ 时，污染的自我降解能力高于污染排放水平，$h(P(t),A(t)) < 0$，人为的投资和技术进步等环境改善措施将提高环境质量；当 $P(t) = A(t)$ 时，$h(P(t),A(t)) = 0$。同理有：

$$\forall P(t), h'_P(P(t),A(t)) = -h'_A(P(t),A(t)) > 0 \quad (4.22)$$

第六，为避免环境的不可逆破坏，理性的生产行为将保持在 $0 \leqslant A(t) \leqslant \bar{A}$ 范围内。

4.2.2 产业发展的环境容量及污染衰减分析

式（4.20）的现值 Hamiltonian 函数为：

$$H(t) = F(P(t)) - D(P(t),A(t))$$

$$- \lambda \times h(P(t),A(t)) + \nu(\bar{A} - A(t)), \lambda \geqslant 0 \quad (4.23)$$

（1）现值 Hamiltonian 函数的求解。

根据 Pontryagin 最大值原理，Hamiltonian 函数存在极大值的一阶必要条件为：

$$\frac{\mathrm{d}H}{\mathrm{d}P} = 0$$

$$\frac{\mathrm{d}H}{\mathrm{d}A} = \rho\lambda - \dot{\lambda} \tag{4.24}$$

由式（4.24）可得：

$$F'_P = D'_P + \lambda h'_P \Rightarrow \lambda = \frac{F'_P - D'_P}{h'_P}$$

$$\rho\lambda - \dot{\lambda} = - D'_A - \lambda h'_A - \nu$$

$$\Rightarrow \dot{\lambda} = \lambda(\rho + h'_A) + D'_A + \nu$$

$$\Rightarrow \frac{\dot{\lambda}}{\lambda} = \rho + h'_A + \frac{D'_A h'_P}{F'_P - D'_P} + \frac{\nu h'_P}{F'_P - D'_P}$$

$$\nu(\bar{A} - A(t)) = 0 \tag{4.25}$$

（2）产业发展最优化路径上污染排放、衰减与环境容量的动态变化。

当 $P(t) < A(t)$ 时，由式（4.21）可知 $D'_P(P(t),A(t)) = - D'_A(P(t), A(t)) = 0$，结合式（4.25），可得：

$$F'_P = \lambda h'_P \tag{4.26}$$

第一，在 $P = P(\lambda,A)$ 中，$A \in (0,X_P)$，$\lambda \in (0, +\infty)$。

第二，当 $\dot{\lambda} = 0$ 时，等斜线 I_λ 的单调性随着贴现率 ρ 和 h'_A 的取值而变化，遵行可持续发展的基本原理，假设贴现率 ρ 尽量大，则等斜线 I_λ 单调递减。$\dot{\lambda} > 0$ 处于等斜线 I_λ 的右边，$\dot{\lambda} < 0$ 处于等斜线 I_λ 的左边。

第三，当 $\dot{A} = 0$ 时，等斜线 I_A 单调递减。

第四，等斜线 I_λ 与等斜线 I_A 交于均衡点 $E(A_e, \lambda_e)$。当污染物的初始衰减（或自净）能力 A_0 大于 A_e 时，最优路径应该在 λ_0 上，并最终处于均衡点 $E(A_e, \lambda_e)$。由于 $\dot{A} < 0$，污染排放 P 将超过污染物的衰减能力，直至达到稳定状态，使得 $P = A_e$。在这个过程中，影子价格 λ 不断增加，污染物排放水平 P 不断下降。

第五，当污染物的初始衰减（或自净）能力 A_0 小于 A_e 时，最优路径也可能达到稳态，人为的投资和技术进步等环境改善措施将提高环境质量。当 $\bar{A} \geqslant A_e$ 时，污染的衰减水平可以恢复至 A_e。在这个过程中，影子价格 λ 不断下降，污染物排放水平 P 不断增加；当 $\bar{A} < A_e$ 时，最优路径将不会达到稳态，最终资源和污染物的自我衰减净化能力将完全耗尽。

4.3 产业耦合系统发展路径上的环境容量影响分析

4.3.1 模型构建

本节主要对基于资源消耗和可持续发展框架下农业—旅游业耦合（以下简称农旅产业耦合）系统的最优化增长路径上的环境容量及污染衰减的动态变化进行刻画。以不考虑技术进步和投资改善环境容量和污染物衰减能力的情况为例。考虑技术进步和投资改善环境容量和污染物衰减能力条件下的分析与之类似，本书不再加以分析。

在进行模型刻画时，首先进行必要的假设。假设1：农业、旅游业两大产业均依赖于对资源的消耗，同时也产出具有外部负效应的副产物——环境污染，污染产生环境损害。理性的产业决策应遵循追求产业最大经济产出和利润的基本原则。假设2：在农旅产业耦合系统中，政府对两大产业进行耦合管理和控制，其基本原则是追求社会福利最大化。基于这两假设的模型如下：

$$\max W = \int_0^{+\infty} U(P(t), G(t)) \times e^{-\rho t} \mathrm{d}t$$

$$= \int_0^{+\infty} (F(P^A(t), P^B(t)) - D(P^A(t), G^A(t), P^B(t), G^B(t))) \times e^{-\rho t} \mathrm{d}t$$

$$(4.27)$$

其中，$U(P(t), G(t))$ 表示关于污染水平 $P(t)$ 和污染衰减（或降解、自净能力）水平 $G(t)$ 的效用函数；$G(0) = G_0$ 表示污染物的初始衰减（或自净）能力，即环境背景容量。

假设上面的模型中有：

第一，$U(P(t),G(t))$ 为凹函数，由两个子函数组成。一是产业发展获得的收益函数 $F(P(t))$，在这个过程中产业获得收益但产生污染；二是污染物的产生和排放造成的污染社会损害函数 $D(P^A(t),G^A(t),P^B(t),G^B(t))$。

第二，收益函数 $F(P^A(t),P^B(t)) > 0$，为凹函数，收益函数随着污染水平的增加而增加，但受到边际效率递减的影响，增加的速率不断减小。有 $F'^A_P > 0$，$F''^A_{PP} < 0$，$F^A_0 > 0$，$F'^B_P > 0$，$F''^B_{PP} < 0$，$F^B_0 > 0$，$\lim\limits_{P \to 0}(F'^A_P) < +\infty$，$\lim\limits_{P \to 0}(F'^B_P) < +\infty$。由于私人生产为了追求利益最大化而忽略污染的外部负效应，且假定不考虑由技术进步带来的污染排放效率的变化，有最优污染水平 X_P，且 $F'^A(X_P) = F'^B(X_P) = 0$。

第三，污染损害函数 $D[P^A(t),G^A(t),P^B(t),G^B(t)] > 0$，函数受污染水平 $P(t)$ 和污染物衰减水平 $G(t)$ 的影响，并进一步假设 $D = P - G$，有：

$$D'^A_P = D'^A(P^A(t),G^A(t),P^B(t),G^B(t)) = D'^A$$
$$D'^A_G = -D'(P^A(t),G^A(t),P^B(t),G^B(t)) = -D'^A$$
$$D'^B_P = D'^B(P^A(t),G^A(t),P^B(t),G^B(t)) = D'^B$$
$$D'^B_G = -D'^B(P^A(t),G^A(t),P^B(t),G^B(t)) = -D'^B \quad (4.28)$$

第四，当私人生产排放的污染物水平低于环境的自我衰减水平时，污染损害函数 D 为 0，当私人生产排放的污染物水平高于环境的自我衰减水平时，污染损害函数 D 不断增加。因此有：

$$\forall P(t) < G(t) \Rightarrow D'_P(P(t),G(t)) = -D'_G(P(t),G(t)) = 0$$
$$\forall P(t) \geq G(t) \Rightarrow D'_P(P(t),G(t)) = -D'_G(P(t),G(t)) > 0$$
$$\forall P(t) \geq G(t) \Rightarrow D''_{PG}(P(t),G(t)) = D''_{GP}(P(t),G(t)) < 0$$
$$\forall P(t) \geq G(t) \Rightarrow D''_{GG}(P(t),G(t)) = D''_{PP}(P(t),G(t)) > 0 \quad (4.29)$$

随着污染水平的不断增加，污染损害将不断增加，有：

$$\lim\limits_{G \to 0} D'_P(P(t),G(t)) = \lim\limits_{G \to 0} -D'_G(P(t),G(t)) = L \gg 0$$

第五，$h(P(t),G(t))$ 是表示污染物的衰减（或降解、自净）能力的衰减函数；$G'(t) = -h(P(t),G(t))$ 表示污染物的衰减和自净过程是动态的，受到污染水平和污染物本身的衰减能力的影响。当 $P(t) > G(t)$ 时，污染排放水平超出了污染的自我降解能力，$h(P(t),G(t)) > 0$，环境持续恶化，环境容量不断降低；当 $P(t) \leqslant G(t)$ 时，污染的自我降解能力高于污染排放水平，$h(P(t),G(t)) = 0$，环境可持续发展。同理也有：

$$G'(t) = -h(P(t),G(t)) < 0$$

$$\forall P(t) < G(t) \Rightarrow h'_P(P(t),G(t)) = -h'_G(P(t),G(t)) = 0$$

$$\forall P(t) \geqslant G(t) \Rightarrow h'_P(P(t),G(t)) = -h'_G(P(t),G(t)) > 0$$

$$\forall P(t) \geqslant G(t) \Rightarrow h''_{PG}(P(t),G(t)) = h''_{GP}(P(t),G(t)) < 0$$

$$\forall P(t) \geqslant G(t) \Rightarrow h''_{GG}(P(t),G(t)) = h''_{PP}(P(t),G(t)) > 0 \quad (4.30)$$

随着污染水平的不断增加，污染物的衰减（或降解、自净）能力将不断衰减，有：$\lim_{G \to 0} h'_G(P(t),G(t)) = \lim_{G \to 0} h'_P(P(t),G(t)) = 0$

第六，理性的生产行为将保持在 $0 \leqslant G(t) < X_P$ 范围内，可持续的生产行为将保持在 $G(t) \leqslant G_0$ 范围内。因此，即符合社会利益又符合生产者利益的生产行为将保持在 $0 \leqslant G(t) \leqslant G_0 < X_P$ 范围内。

4.3.2 产业发展的环境容量及污染衰减分析

本节将分别讨论两种情况下的产业耦合发展与环境容量、污染衰减之间的关系。式（4.27）的现值 Hamiltonian 函数为：

$$H(t) = F(P^A(t),P^B(t)) - D(P^A(t),G^A(t),P^B(t),G^B(t))$$
$$- \lambda^A \times h(P^A(t),G^A(t)) - \lambda^B \times h(P^B(t),G^B(t)) \quad (4.31)$$

（1）Hamiltonian 函数存在极大值的证明。

Hamiltonian 函数存在极大值需要保证函数为凹函数。下面来证明上述 Hamiltonian 函数的严格凹性。

上述 Hamiltonian 函数的 Hessian 矩阵为：

$$\begin{pmatrix} H_{PP} & H_{PA} \\ H_{AP} & H_{AA} \end{pmatrix} \quad (4.32)$$

$$H_{PP} = F''_{PP} - D''_{PP} - \lambda \times h''_{PP} < 0$$

$$H_{AA} = F''_{AA} - D''_{AA} - \lambda \times h''_{AA} < 0$$

$$H_{PP}H_{AA} - (H_{PA})^2 = -D''F'' > 0 \tag{4.33}$$

可见 Hamiltonian 函数严格地凹，存在一个极大值的内部解。

（2）现值 Hamiltonian 函数的求解。

根据 Pontryagin 最大值原理，Hamiltonian 函数存在极大值的一阶必要条件为：

$$\frac{\mathrm{d}H}{\mathrm{d}P} = 0$$

$$\frac{\mathrm{d}H}{\mathrm{d}G^A} = \rho\lambda^A - \dot{\lambda}^A$$

$$\frac{\mathrm{d}H}{\mathrm{d}G^B} = \rho\lambda^B - \dot{\lambda}^B$$

$$\frac{\mathrm{d}H}{\mathrm{d}\lambda^A} = \dot{G}^A$$

$$\frac{\mathrm{d}H}{\mathrm{d}\lambda^B} = \dot{G}^B \tag{4.34}$$

由（4.34）可得：

$$F'^A_P = D'^A_P + \lambda^A h'^A_P$$

$$F'^B_P = D'^B_P + \lambda^B h'^B_P$$

$$\lambda^A = \frac{F'^A_P - D'^A_P}{h'^A_P}$$

$$\lambda^B = \frac{F'^B_P - D'^B_P}{h'^B_P}$$

$$\rho\lambda^A - \dot{\lambda}^A = -D'^A_G - \lambda^A h'^A_G$$

$$\rho\lambda^B - \dot{\lambda}^B = -D'^B_G - \lambda^B h'^B_G$$

$$\dot{\lambda}^A = \lambda^A(\rho + h'^A_G) + D'^A_G$$

$$\dot{\lambda}^B = \lambda^B(\rho + h'^B_G) + D'^B_G$$

$$\frac{\dot{\lambda}^A}{\lambda^A} = \rho + h'_G + \frac{D'_G h'^A_P}{F'^A_P - D'^A_P}$$

$$\frac{\dot{\lambda}^B}{\lambda^B} = \rho + h'^B_G + \frac{D'^B_G h'^B_P}{F'^B_P - D'^B_P}$$

$$\dot{G}^A = -h^A$$

$$\dot{G}^B = -h^B \tag{4.35}$$

由式（4.35）可知：

第一，产业耦合污染产生的净私人收益等于该单位污染产生的总边际损失。而总边际损失包括污染产生的边际损失加上减少的边际污染衰减率。

第二，污染衰减能力的影子价格 λ 的变化率受两大产业发展的贴现率 ρ、衰减函数导数 h'_A 以及与衰减相关的社会价值 $\dfrac{D'_G h'_P}{F'_P - D'_P}$ 的影响。而且，倘若处于完全竞争市场中，当 G 足够低，有 $h'_G + \dfrac{D'_G h'_P}{F'_P - D'_P} < 0$。

由于在最优化路径上，污染排放将严格按照 Hamiltonian 函数的一阶条件进行动态调整，因此考虑污染排放是一个关于 λ 和 G 的隐函数。假设 $P = P(\lambda, G)$，有：

$$U'_P(P(\lambda, G), G) - \lambda h'_P(P(\lambda, G), G) = 0 \tag{4.36}$$

式（4.36）对 λ 求全微分，得：

$$\frac{\mathrm{d}P^A(\lambda^A, G^A)}{\mathrm{d}\lambda^A} = \frac{h'^A_P}{U''^A_{PP} - \lambda^A h''^A_{PP}}$$

$$\frac{\mathrm{d}P^B(\lambda^B, G^B)}{\mathrm{d}\lambda^B} = \frac{h'^B_P}{U''^B_{PP} - \lambda^B h''^B_{PP}} \tag{4.37}$$

由于 $h'_P > 0$，$U''_{PP} < 0$，$\lambda > 0$，$h''_{PP} < 0$，有：

$$\frac{\mathrm{d}P^A(\lambda^A, G^A)}{\mathrm{d}\lambda^A} < 0 , \frac{\mathrm{d}P^B(\lambda^B, G^B)}{\mathrm{d}\lambda^B} < 0 \tag{4.38}$$

式（4.36）对 A 求全微分，得：

$$\frac{\mathrm{d}P^A(\lambda^A, G^A)}{\mathrm{d}G^A} = \frac{\lambda^A h''^A_{PG} - U''^A_{PG}}{U''^A_{PP} - \lambda^A h''^A_{PP}}$$

$$\frac{\mathrm{d}P^B(\lambda^B, G^B)}{\mathrm{d}G^B} = \frac{\lambda^B h''^B_{PG} - U''^B_{PG}}{U''^B_{PP} - \lambda^A h''^B_{PP}} \tag{4.39}$$

由于 $h'_P > 0$，$U''_{PP} < 0$，$U''_{PA} > 0$，$\lambda > 0$，$h''_{PP} > 0$，$h''_{PA} < 0$，有：

$$\frac{\mathrm{d}P^A(\lambda^A, G^A)}{\mathrm{d}G^A} > 0 \, , \, \frac{\mathrm{d}P^B(\lambda^B, G^B)}{\mathrm{d}G^B} > 0 \tag{4.40}$$

由式（4.35）可以得到：

$$\text{当} \lambda^A(\rho + h'^A_G) > -D'^A_G \text{时，有} \dot{\lambda}^A > 0$$

$$\text{当} \lambda^B(\rho + h'^B_G) > -D'^B_G \text{时，有} \dot{\lambda}^B > 0$$

$$\text{当} \lambda^A(\rho + h'^A_G) = -D'^A_G \text{时，有} \dot{\lambda}^A = 0$$

$$\text{当} \lambda^B(\rho + h'^B_G) = -D'^B_G \text{时，有} \dot{\lambda}^B = 0$$

$$\text{当} \lambda^A(\rho + h'^A_G) < -D'^A_G \text{时，有} \dot{\lambda}^A < 0$$

$$\text{当} \lambda^B(\rho + h'^B_G) < -D'^B_G \text{时，有} \dot{\lambda}^B < 0 \tag{4.41}$$

$$\text{当} -h^A > 0 \text{时，有} \dot{G}^A > 0$$

$$\text{当} -h^B > 0 \text{时，有} \dot{G}^B > 0$$

$$\text{当} -h^A = 0 \text{时，有} \dot{G}^A = 0$$

$$\text{当} -h^B = 0 \text{时，有} \dot{G}^B = 0$$

$$\text{当} -h^A < 0 \text{时，有} \dot{G}^A < 0$$

$$\text{当} -h^B < 0 \text{时，有} \dot{G}^B < 0 \tag{4.42}$$

当 $\dot{\lambda}^A = 0$ 时，式（4.41）对 G 求全微分，得：

$$\frac{\mathrm{d}\lambda^A}{\mathrm{d}G^A} = -\frac{\dfrac{\mathrm{d}P^A(\lambda^A, G^A)}{\mathrm{d}G^A} \cdot (\lambda^A h''^A_{GP} + D''^A_{GP}) + \lambda^A h''^A_{GG} + D''^A_{GG}}{\rho + h'^A_G + \dfrac{\mathrm{d}P^A(\lambda^A, G^A)}{\mathrm{d}\lambda^A} \cdot (\lambda^A h''^A_{GP} + D''^A_{GP})}$$

当 $\dot{\lambda}^B = 0$ 时，式（4.41）对 G 求全微分，得：

$$\frac{\mathrm{d}\lambda^B}{\mathrm{d}G^B} = -\frac{\dfrac{\mathrm{d}P^B(\lambda^B, G^B)}{\mathrm{d}G^B} \cdot (\lambda^B h_{GP}''^B + D_{GP}''^B) + \lambda^B h_{GG}''^B + D_{GG}''^B}{\rho + h_G'^B + \dfrac{\mathrm{d}P^B(\lambda^B, G^B)}{\mathrm{d}\lambda^B} \cdot (\lambda^A h_{GP}''^B + D_{GP}''^B)} \quad (4.43)$$

同理，当 $\dot{G}^A = 0$ 时，式（4.42）对 G 求全微分，结合式（4.33）得：

$$\frac{\mathrm{d}\lambda^A}{\mathrm{d}G^A} = -\frac{\dfrac{\mathrm{d}P^A(\lambda^A, G^A)}{\mathrm{d}G^A} \cdot h_P'^A + h_G'^A}{\dfrac{\mathrm{d}P^A(\lambda^A, G^A)}{\mathrm{d}\lambda^A} \cdot h_P'^A} = \frac{\left(1 - \dfrac{\mathrm{d}P^A(\lambda^A, G^A)}{\mathrm{d}G^A}\right) \cdot h_P'^A}{\dfrac{\mathrm{d}P^A(\lambda^A, G^A)}{\mathrm{d}G^A} \cdot h_P'^A}$$

当 $\dot{G}^B = 0$ 时，式（4.42）对 G 求全微分，结合式（4.33）得：

$$\frac{\mathrm{d}\lambda^B}{\mathrm{d}G^B} = -\frac{\dfrac{\mathrm{d}P^B(\lambda^B, G^B)}{\mathrm{d}G^B} \cdot h_P'^B + h_G'^B}{\dfrac{\mathrm{d}P^B(\lambda^B, G^B)}{\mathrm{d}\lambda^B} \cdot h_P'^B} = \frac{\left(1 - \dfrac{\mathrm{d}P^B(\lambda^B, G^B)}{\mathrm{d}G^B}\right) \cdot h_P'^B}{\dfrac{\mathrm{d}P^B(\lambda^B, G^B)}{\mathrm{d}G^B} \cdot h_P'^B} \quad (4.44)$$

由式（4.35）可知，当 $P > G$ 时，$\lambda h_{GP}'' + D_{GP}'' = \lambda h_{PG}'' + D_{PG}'' \cdot F_{PG}'' = 0$；当 $P < G$ 时，$h_{GP}'' = D_{GP}'' = 0$。结合式（4.16），当 $\dot{\lambda}^A = 0$，$\dot{\lambda}^B = 0$ 时有：

$$当 \rho + h_G'^A > 0 \Rightarrow \rho > -h_G'^A, \frac{d\lambda^A}{dG^A} < 0$$

$$当 \rho + h_G'^B > 0 \Rightarrow \rho > -h_G'^B, \frac{d\lambda^B}{dG^B} < 0$$

$$当 \rho + h_G'^A < 0 \Rightarrow \rho < -h_G'^A, \frac{d\lambda^A}{dG^A} > 0$$

$$当 \rho + h_G'^B < 0 \Rightarrow \rho < -h_G'^B, \frac{d\lambda^B}{dG^B} > 0$$

$$当 \rho + h_G'^A = 0 \Rightarrow \rho = -h_G'^A, \frac{d\lambda^A}{dG^A} = 0$$

$$当 \rho + h_G'^B = 0 \Rightarrow \rho = -h_G'^B, \frac{d\lambda^B}{dG^B} = 0 \quad (4.45)$$

结合式（4.40）、式（4.43），当 $\dot{G} = 0$ 可得：

$$当 \frac{dP^A(\lambda^A, G^A)}{dG^A} > 1 \text{ 时}, \frac{d\lambda^A}{dG^A} < 0$$

$$当 \frac{dP^B(\lambda^B, G^B)}{dG^B} > 1 \text{ 时}, \frac{d\lambda^B}{dG^B} < 0$$

$$当 0 < \frac{dP^A(\lambda^A, G^A)}{dG^A} < 1 \text{ 时}, \frac{d\lambda^A}{dG^A} > 0$$

$$当 0 < \frac{dP^B(\lambda^B, G^B)}{dG^B} < 1 \text{ 时}, \frac{d\lambda^B}{dG^B} > 0$$

$$当 \frac{dP^A(\lambda^A, G^A)}{dG^A} = 1 \text{ 时}, \frac{d\lambda^A}{dG^A} = 0$$

$$当 \frac{dP^B(\lambda^B, G^B)}{dG^B} = 1 \text{ 时}, \frac{d\lambda^B}{dG^B} = 0 \tag{4.46}$$

由式（4.45）、式（4.46）可以得到以下结论：

第一，在 $P^A = P^A(\lambda^A, G^A)$ 中，$G^A \in (0, X_P^A), \lambda^A \in (0, +\infty)$；在 $P^B = P^B(\lambda^B, G^B)$ 中，$G^B \in (0, X_P^B), \lambda^B \in (0, +\infty)$。

第二，对于产业 A 而言，当 $\lambda^A = 0$ 时，等斜线 I_λ^A 的单调性随着贴现率 ρ 和 h'^A_G 的取值而变化，遵行可持续发展的基本原理，假设贴现率 ρ 尽量大，则等斜线 I_λ^A 单调递减。$\lambda^A > 0$ 处于等斜线 I_λ^A 的右边，$\lambda^A < 0$ 处于等斜线 I_λ^A 的左边。产业 B 同样。

第三，对于产业 A 而言，当 $\dot{G}^A = 0$ 时，等斜线 I_G^A 单调递减；产业 B 同样。

第四，对于产业 A 而言，等斜线 I_λ^A 与等斜线 I_G^A 交于均衡点 $E(G_e^A, \lambda_e^A)$。当污染物的初始衰减（或自净）能力 G_0^A 大于 G_e^A 时，最优路径应该在 λ_0^A 上，并最终处于均衡点 $E(G_e^A, \lambda_e^A)$。由于 $\dot{G}^A < 0$，污染排放 P^A 将超过污染物的衰减能力，直至达到稳定状态，使得 $P^A = G_e^A$。在这个过程中，影子价格 λ^A 不断增加，污染物排放水平 P^A 不断下降；当污染物的初始衰减（或自净）能力 G_0^A 小于 G_e^A 时，最优路径将不会达到稳态，最终资源和污染物的自我衰减净化能

力将完全耗尽。产业 B 同样。

4.4　本章小结

对于环境容量而言，污染物的衰减和自净通常被看作是一个常数，但事实上，污染物的衰减、降解、自净往往是一个动态的过程，并且污染物的自净能力也会随着污染排放的水平而动态衰减，而动态过程又势必伴随着最优化配置，一般来说，经济学习惯采用影子价格分析此最优化过程。本章主要对产业系统中的环境容量与污染衰减因素进行模型刻画，充分考虑存在技术进步和投资以改善环境容量和污染衰减能力以及不考虑存在技术进步和投资以改善环境容量和污染衰减能力两种条件，并分析其对产业发展的影响。最后以产业耦合为例，分析了农旅产业耦合发展路径上的环境容量及污染衰减影响问题。主要得到以下结论：

（1）产业耦合污染产生的净私人收益等于该单位污染产生的总边际损失。总边际损失包括污染产生的边际损失加上减少的边际污染衰减率。

（2）污染衰减能力的影子价格 λ 的变化率受两大产业发展的贴现率 ρ 、衰减函数导数 h'_A 以及与衰减相关的社会价值 $\dfrac{D'_G h'_P}{F'_P - D'_P}$ 的影响；而且，倘若处于完全竞争市场中，当 G 足够低，有 $h'_G + \dfrac{D'_G h'_P}{F'_P - D'_P} < 0$。

（3）在不考虑技术进步和投资改善环境容量和污染衰减能力的条件下：

第一，对于产业 A 而言，当 $\dot{\lambda}^A = 0$ 时，等斜线 I^A_λ 的单调性随着贴现率 ρ 和 h'^A_G 的取值而变化，遵行可持续发展的基本原理，假设贴现率 ρ 尽量大，则等斜线 I^A_λ 单调递减。$\dot{\lambda}^A > 0$ 处于等斜线 I^A_λ 的右边，$\dot{\lambda}^A < 0$ 处于等斜线 I^A_λ 的左边。产业 B 同样。

第二，对于产业 A 而言，当 $\dot{G}^A = 0$ 时，等斜线 I^A_G 单调递减；产业 B 同样。

第三，由于 $\dot{G}^A < 0$，污染排放 P^A 将超过污染物的衰减能力，直至达到稳定状态，使得 $P^A = G_e^A$。在这个过程中，影子价格 λ^A 不断增加，污染物排放水平 P^A 不断下降；当污染物的初始衰减（或自净）能力 G_0^A 小于 G_e^A 时，最优路径将不会达到稳态，最终资源和污染物的自我衰减净化能力将完全耗尽。产业 B 同样。

（4）在考虑技术进步和投资改善环境容量和污染衰减能力的条件下：对于产业 A 而言，当污染物的初始衰减（或自净）能力 A_0 小于 A_e 时，最优路径也可能达到稳态，人为的投资和技术进步等环境改善措施将提高环境质量。当 $\bar{A} \geqslant A_e$ 时，污染的衰减水平可以恢复至 A_e。在这个过程中，影子价格 λ 不断下降，污染物排放水平 P 不断增加。当 $\bar{A} < A_e$ 时，最优路径将不会达到稳态，最终资源和污染物的自我衰减净化能力将完全耗尽。产业 B 同样。

5 产业耦合系统最优化增长路径上产业结构的动态分析

前面章节分别刻画了产业耦合发展中，产业发展与资源、产业发展与环境之间的互动影响，以及它们在最优增长路径上的动态分配过程，但没有考虑由于产业依赖的资源与环境的背景不同而引发的产业耦合结构和规模的问题。本章主要对基于资源消耗和可持续发展框架下农旅产业耦合系统的最优化增长路径上产业结构的动态变化进行刻画。

在进行模型刻画时，首先进行必要的假设。假设1：农业、旅游业两大产业均依赖于资源的消耗，并且产出具有外部负效应的副产物——环境污染，污染产生环境损害。理性的产业决策应遵循追求产业最大经济产出和利润的基本原则。假设2：在农旅产业耦合系统中，政府对两大产业进行耦合管理和控制，其基本原则是追求社会福利最大化。

5.1 产业耦合增长模型刻画和求解

5.1.1 模型构建

首先，产业通过投入原始资源得到最终经济产出，定义产业的产出函数为：

$$Q^i = P^i(R), \quad i = A, B \tag{5.1}$$

其中，A 表示农业，B 表示旅游业。考虑边际产出递减，产出函数是严格的凹函数。因此满足 $P^i(0) = 0, P^i_R = \dfrac{\partial P^i}{\partial R} > 0, P^i_{RR} = \dfrac{\partial^2 P^i}{\partial R^2} > 0$。

其次，物质守恒定律决定了原始资源的使用和消耗大致等于产生的污染物排放量。由假设 1 可以得到污染排放 e^i 满足：

$$e^i = Q^i \tag{5.2}$$

由于大多数重要的污染问题都具有存量型污染影响的特点，因此主要考虑污染存量 S 对产业发展的影响。污染存量的变化率受污染存量和自净能力（衰减率）γ 的影响，假设污染衰减率为常数，满足：

$$\dot{S}_i = \frac{\mathrm{d}S_i}{\mathrm{d}t} = e^i - \gamma_i S_i, \ \gamma_i > 0 \tag{5.3}$$

根据假设 2，政府根据社会福利函数对产业耦合系统中两大产业的发展进行管理与控制。定义瞬时社会福利函数为：

$$W(Q^A, Q^B, S_A, S_B) = U(Q^A, Q^B) - D(S_A, S_B) \tag{5.4}$$

$$U_A = \frac{\partial U}{\partial Q^A}, U_B = \frac{\partial U}{\partial Q^B}, U_{AB} = \frac{\partial^2 U}{\partial Q^A \partial Q^B} ; \ U_i > 0, U_{ii} < 0, U_{ij} < 0 \tag{5.5}$$

产业耦合系统产生的存量型污染损害包括两方面：一是耦合系统内各产业自身释放的污染物对环境的危害，二是耦合系统内不同产业释放的污染物间的叠加影响。为方便起见，采用二次函数的形式刻画出污染的累积效应。定义污染损害函数 D 满足：

$$D = \frac{\sigma_A}{2}(S_A)^2 + \frac{\sigma_B}{2}(S_B)^2, \ \sigma_i > 0 \tag{5.6}$$

其中，σ_i 表示污染存量 i 对环境的损害系数。

定义产业的资源消耗总量为 M，总量在不同产业间的分配系数为 ε，有：

$$R_A + R_B = M \tag{5.7}$$

对 R_A、R_B 进行归一化处理，有：

$$0 \leqslant M \leqslant 1 , \ \varepsilon = \frac{R_A}{M} = \frac{R_A}{R_A + R_B} , \ 0 \leqslant \varepsilon \leqslant 1 \tag{5.8}$$

$$R_A = R_A(M,\varepsilon) = M\varepsilon \tag{5.9}$$

$$R_B = R_B(M,\varepsilon) = M(1 - \varepsilon) \tag{5.10}$$

式（5.1）变形为：

$$P^i(R) = F^i(M,\varepsilon) , \ i = A,B \tag{5.11}$$

式（5.11）满足：

$$\frac{\partial F^i}{\partial M} = F_M^i , \frac{\partial F^i}{\partial \varepsilon} = F_\varepsilon^i \tag{5.12}$$

$$F_M^A = \varepsilon P_R^A > 0 , \ F_M^B = (1 - \varepsilon)P_R^B > 0 , \ F_\varepsilon^A = MP_R^A > 0 , \ F_\varepsilon^B = - MP_R^B < 0 \tag{5.13}$$

构造目标函数，政府考虑的代际连续型社会福利函数可表示为：

$$\max V = \int_0^{+\infty} (U(Q^A,Q^B) - D(S_A,S_B))e^{-\rho t}\mathrm{d}t$$

$$= \int_0^{+\infty} \left(U(F^A(M,\varepsilon),F^B(M,\varepsilon)) - \frac{\sigma_A}{2}(S_A)^2 - \frac{\sigma_B}{2}(S_B)^2\right)e^{-\rho t}\mathrm{d}t$$

$$\mathrm{s. t.} \ \dot{S}_i = \frac{\mathrm{d}S_i}{\mathrm{d}t} = F^i - \gamma_i S_i$$

$$0 \leqslant M \leqslant 1 \tag{5.14}$$

该模型的现值 Hamiltonian 函数为：

$$H(M,\varepsilon,S_A,S_B) = U(F^A(M,\varepsilon),F^B(M,\varepsilon)) - \frac{\sigma_A}{2}(S_A)^2 - \frac{\sigma_B}{2}(S_B)^2$$

$$+ \lambda_A(F^A - \gamma_A S_A) + \lambda_B(F^B - \gamma_B S_B) + \lambda_M(1 - M) \tag{5.15}$$

其中，λ_A、λ_B 分别表示两种污染物存量的影子价格。λ_M 为 Kuhn Tucker 参数，可以理解为产业消耗的原始资源的影子价格，当资源被两个产业完全消耗时，$M = 1$，$\lambda_M > 0$，所以 $1 - M$ 可以理解为减少生产以削减污染社会福利的行为。

函数的一阶导数为：

$$\frac{\partial H}{\partial M} = U_A F_M^A + U_B F_M^B + \lambda_A F_M^A + \lambda_B F_M^B - \lambda_M$$

$$= (U_A + \lambda_A) F_M^A + (U_B + \lambda_B) F_M^B - \lambda_M$$

$$\frac{\partial H}{\partial \varepsilon} = U_A F_\varepsilon^A + U_B F_\varepsilon^B + \lambda_A F_\varepsilon^A + \lambda_B F_\varepsilon^B$$

$$= (U_A + \lambda_A) F_\varepsilon^A + (U_B + \lambda_B) F_\varepsilon^B$$

$$\frac{\partial H}{\partial S_A} = -\sigma_A S_A - \lambda_A \gamma_A = \lambda_A \rho - \dot{\lambda}_A$$

$$\frac{\partial H}{\partial S_B} = -\sigma_B S_B - \lambda_B \gamma_B = \lambda_B \rho - \dot{\lambda}_B$$

$$\frac{\partial D}{\partial S_A} = \sigma_A S_A$$

$$\frac{\partial D}{\partial S_B} = \sigma_B S_B \Rightarrow \sigma_B \frac{\partial D}{\partial S_A} = \sigma_A \frac{\partial D}{\partial S_B} \tag{5.16}$$

Hamiltonian 函数存在极大值需要保证函数为凹函数。下面来证明上述 Hamiltonian 函数的严格凹性。

上述 Hamiltonian 函数的 Hessian 矩阵为：

$$\begin{pmatrix} H_{MM} & H_{M\varepsilon} & 0 & 0 \\ H_{\varepsilon M} & H_{\varepsilon\varepsilon} & 0 & 0 \\ 0 & 0 & -\sigma_A & 0 \\ 0 & 0 & 0 & -\sigma_B \end{pmatrix} \tag{5.17}$$

$$H_{MM} = U_{AA} (F_M^A)^2 + U_A F_{MM}^A + U_{BB} (F_M^B)^2 + U_B F_{MM}^B + \lambda_A F_{MM}^A + \lambda_B F_{MM}^B$$

$$= U_{AA} (F_M^A)^2 + (U_A + \lambda_A) F_{MM}^A + U_{BB} (F_M^B)^2 + (U_B + \lambda_B) F_{MM}^B$$

$$H_{\varepsilon\varepsilon} = U_{AA} (F_\varepsilon^A)^2 + (U_A + \lambda_A) F_{\varepsilon\varepsilon}^A + U_{BB} (F_\varepsilon^B)^2 + (U_B + \lambda_B) F_{\varepsilon\varepsilon}^B$$

$$H_{M\varepsilon} = U_{AA} F_\varepsilon^A F_M^A + (U_A + \lambda_A) F_{M\varepsilon}^A + U_{BB} F_\varepsilon^B F_M^B + (U_B + \lambda_B) F_{M\varepsilon}^B$$

$$\tag{5.18}$$

在最优增长路径上，系统达到稳态（steady state），增长速率为 0，$\dot{\lambda}_M =$

0。当 $M^* = 1$ 或 $M^* = 0$，函数存在角解，由于资源的完全消耗和完全不消耗都是非理性的，可以认为角解并非最优解；当 $0 < M^* < 1$ 时，函数存在内部解，并可能是最优解，由于资源的部分消耗，因此并不稀缺，$\lambda_M = 0$。代入式（5.16），可得：

$$U_A = -\lambda_A, \ U_B = -\lambda_B \tag{5.19}$$

将式（5.19）代入式（5.18），结合式（5.5）、式（5.13）可以得到：

$$H_{MM} = U_{AA}(F_M^A)^2 + U_{BB}(F_M^B)^2 < 0$$

$$H_{\varepsilon\varepsilon} = U_{AA}(F_\varepsilon^A)^2 + U_{BB}(F_\varepsilon^B)^2 < 0$$

$$H_{M\varepsilon} = U_{AA}F_\varepsilon^A F_M^A + U_{BB}F_\varepsilon^B F_M^B$$

$$H_{MM}H_{\varepsilon\varepsilon} - (H_{M\varepsilon})^2 > 0 \tag{5.20}$$

由式（5.20）可得，当 $0 < M^* < 1$，Hamiltonian 函数是严格的凹函数，存在一个极大值的内部解。

根据 Pontryagin 最大值原理，Hamiltonian 函数存在极大值的一阶必要条件为：

$$\frac{\partial H}{\partial M} = (U_A + \lambda_A)F_M^A + (U_B + \lambda_B)F_M^B - \lambda_M = 0 \tag{5.21}$$

$$\frac{\partial H}{\partial \varepsilon} = (U_A + \lambda_A)F_\varepsilon^A + (U_B + \lambda_B)F_\varepsilon^B = 0 \tag{5.22}$$

$$\dot{\lambda}_A = \rho\lambda_A - (-\sigma_A S_A - \gamma_A\lambda_A) = (\rho + \gamma_A)\lambda_A + \sigma_A S_A \tag{5.23}$$

$$\dot{\lambda}_B = (\rho + \gamma_B)\lambda_B + \sigma_B S_B \tag{5.24}$$

$$\lambda_M(1 - M) = 0 \tag{5.25}$$

由式（5.21）、式（5.22）可得：

$$U_A = \frac{\lambda_M F_\varepsilon^B}{F_M^A F_\varepsilon^B - F_\varepsilon^A F_M^B} - \lambda_A$$

$$U_B = \frac{\lambda_M F_\varepsilon^A}{F_M^B F_\varepsilon^A - F_\varepsilon^B F_M^A} - \lambda_B \tag{5.26}$$

根据式 (5.13),式 (5.26) 重写为:

$$U_A = \frac{\lambda_M}{P_R^A} - \lambda_A$$

$$U_B = \frac{\lambda_M}{P_R^B} - \lambda_B \qquad (5.27)$$

在长期经济的稳态均衡中,有 $\dot{\lambda}_i = 0$。可以得到:

$$\lambda_i = \frac{-\sigma_i S_i^*}{\rho + \gamma_i} \qquad (5.28)$$

将式 (5.28) 代入式 (5.26),得到:

$$U_A^* = \frac{\lambda_M F_\varepsilon^{B*}}{F_M^{A*} F_\varepsilon^{B*} - F_\varepsilon^{A*} F_M^{B*}} + \frac{\sigma_A S_A^*}{\rho + \gamma_A}$$

$$U_B^* = \frac{\lambda_M F_\varepsilon^{A*}}{-(F_M^{A*} F_\varepsilon^{B*} - F_\varepsilon^{A*} F_M^{B*})} + \frac{\sigma_B S_{B^*}}{\rho + \gamma_B} \qquad (5.29)$$

当 $0 < M^* < 1$ 时,$\lambda_M = 0$,函数存在内部解,此时:

$$U_A^* = \frac{\sigma_A S_A^*}{\rho + \gamma_A} = \frac{\sigma_A F^{A*}}{\gamma_A(\rho + \gamma_A)}$$

$$U_{B^*} = \frac{\sigma_B F^{B*}}{\gamma_A(\rho + \gamma_A)} \qquad (5.30)$$

式 (5.30) 的两等式两边分别对 γ_A 求导:

$$U_{AA}\left(F_M^{A*} \frac{\partial M^*}{\partial \gamma_A} + F_\varepsilon^{A*} \frac{\partial \varepsilon^*}{\partial \gamma_A}\right) = \frac{\sigma_A F^{A*}(2\gamma_A + \rho)}{(\gamma_A)^2 + (\gamma_A + \rho)^2}$$

$$+ \frac{\sigma_A}{\gamma_A(\gamma_A + \rho)}\left(F_M^{A*} \frac{\partial M^*}{\partial \gamma_A} + F_\varepsilon^{A*} \frac{\partial \varepsilon^*}{\partial \gamma_A}\right)$$

$$U_{BB}\left(F_M^{B*} \frac{\partial M^*}{\partial \gamma_A} + F_\varepsilon^{B*} \frac{\partial \varepsilon^*}{\partial \gamma_A}\right) = \frac{\sigma_B}{\gamma_B(\gamma_B + \rho)}\left(F_M^{B*} \frac{\partial M^*}{\partial \gamma_A} + F_\varepsilon^{A*} \frac{\partial \varepsilon^*}{\partial \gamma_A}\right)$$

$$(5.31)$$

通过变形,结合式 (5.13),可得:

$$\frac{\partial M^*}{\partial \gamma_A} = \frac{\sigma_A F^{A*} F_\varepsilon^{B*}(2\gamma_A + \rho)}{(F_M^{B*} F_\varepsilon^{A*} - F_M^{A*} F_\varepsilon^{B*})(U_{AA}\gamma_A(\gamma_A + \rho) - \sigma_A)\gamma_A(\gamma_A + \rho)} > 0$$

$$\frac{\partial \varepsilon^*}{\partial \gamma_A} = \frac{\sigma_A F^{A*} F_\varepsilon^{B*}(2\gamma_A + \rho)}{(F_M^{A*} F_\varepsilon^{B*} - F_M^{B*} F_\varepsilon^{A*})(U_{AA}\gamma_A(\gamma_A + \rho) - \sigma_A)\gamma_A(\gamma_A + \rho)} > 0$$

$$(5.32)$$

同理,式(5.30)的两等式两边分别对 γ_B 求导,结合式(5.13),可得:

$$\frac{\partial M^*}{\partial \gamma_B} = \frac{\sigma_B F^{B*} F_\varepsilon^{A*}(2\gamma_B + \rho)}{(F_M^{A*} F_\varepsilon^{B*} - F_M^{B*} F_\varepsilon^{A*})(U_{BB}\gamma_B(\gamma_B + \rho) - \sigma_B)\gamma_B(\gamma_B + \rho)} > 0$$

$$\frac{\partial \varepsilon^*}{\partial \gamma_B} = \frac{\sigma_B F^{A*} F_\varepsilon^{B*}(2\gamma_B + \rho)}{(F_M^{B*} F_\varepsilon^{A*} - F_M^{A*} F_\varepsilon^{B*})(U_{BB}\gamma_B(\gamma_B + \rho) - \sigma_B)\gamma_B(\gamma_B + \rho)} < 0$$

$$(5.33)$$

同理,式(5.30)的两等式两边分别对 σ_A 求导:

$$U_{AA}\left(F_M^{A*}\frac{\partial M^*}{\partial \sigma_A} + F_\varepsilon^{A*}\frac{\partial \varepsilon^*}{\partial \sigma_A}\right) = \frac{F^{A*}}{\gamma_A(\gamma_A + \rho)}$$

$$+ \frac{\sigma_A}{\gamma_A(\gamma_A + \rho)}\left(F_M^{A*}\frac{\partial M^*}{\partial \sigma_A} + F_\varepsilon^{A*}\frac{\partial \varepsilon^*}{\partial \sigma_A}\right)$$

$$U_{BB}\left(F_M^{B*}\frac{\partial M^*}{\partial \sigma_A} + F_\varepsilon^{B*}\frac{\partial \varepsilon^*}{\partial \sigma_A}\right) = \frac{\sigma_B}{\gamma_B(\gamma_B + \rho)}\left(F_M^{B*}\frac{\partial M^*}{\partial \sigma_A} + F_\varepsilon^{B*}\frac{\partial \varepsilon^*}{\partial \sigma_A}\right)$$

$$(5.34)$$

通过变形,结合式(5.13),可得:

$$\frac{\partial M^*}{\partial \sigma_A} = \frac{F^{A*} F_\varepsilon^{B*}}{(F_M^{A*} F_\varepsilon^{B*} - F_M^{B*} F_\varepsilon^{A*})(U_{AA}\gamma_A(\gamma_A + \rho) - \sigma_A)} < 0$$

$$\frac{\partial \varepsilon^*}{\partial \sigma_A} = \frac{F^{A*} F_\varepsilon^{B*}}{(F_M^{B*} F_\varepsilon^{A*} - F_M^{A*} F_\varepsilon^{B*})(U_{AA}\gamma_A(\gamma_A + \rho) - \sigma_A)} < 0 \qquad (5.35)$$

同理,式(5.30)的两等式两边分别对 σ_B 求导,结合式(5.13),可得:

$$\frac{\partial M^*}{\partial \sigma_B} = \frac{F^{B*}F_\varepsilon^{A*}}{(F_M^{B*}F_\varepsilon^{A*} - F_M^{A*}F_\varepsilon^{B*})(U_{BB}\gamma_B(\gamma_B + \rho) - \sigma_B)} < 0$$

$$\frac{\partial \varepsilon^*}{\partial \sigma_B} = \frac{F^{B*}F_\varepsilon^{A*}}{(F_M^{A*}F_\varepsilon^{B*} - F_M^{B*}F_\varepsilon^{A*})(U_{BB}\gamma_B(\gamma_B + \rho) - \sigma_B)} > 0 \quad (5.36)$$

同理，式（5.30）的两等式两边分别对 ρ 求导：

$$\frac{\partial M^*}{\partial \rho}(F_M^{B*}F_\varepsilon^{A*} - F_M^{A*}F_\varepsilon^{B*}) + \frac{\sigma_B F^{B*}F_\varepsilon^{A*}}{(U_{BB}\gamma_B(\gamma_B + \rho) - \sigma_B)(\gamma_B + \rho)}$$

$$= \frac{\sigma_A F^{A*}F_\varepsilon^{B*}}{(U_{AA}\gamma_A(\gamma_A + \rho) - \sigma_A)(\gamma_A + \rho)}$$

$$\frac{\partial \varepsilon^*}{\partial \rho}(F_M^{B*}F_\varepsilon^{A*} - F_M^{A*}F_\varepsilon^{B*}) + \frac{\sigma_A F^{*A}F_M^{B*}}{(U_{AA}\gamma_A(\gamma_A + \rho) - \sigma_A)(\gamma_A + \rho)}$$

$$= \frac{\sigma_B F^{B*}F_M^{A*}}{(U_{BB}\gamma_B(\gamma_B + \rho) - \sigma_B)(\gamma_B + \rho)} \quad (5.37)$$

通过变形，结合式（5.13），可得：

$$\frac{\partial M^*}{\partial \rho} = \frac{\dfrac{-\sigma_B F^{B*}F_\varepsilon^{A*}}{(U_{BB}\gamma_B(\gamma_B + \rho) - \sigma_B)(\gamma_B + \rho)} + \dfrac{\sigma_A F^{A*}F_\varepsilon^{B*}}{(U_{AA}\gamma_A(\gamma_A + \rho) - \sigma_A)(\gamma_A + \rho)}}{F_M^{B*}F_\varepsilon^{A*} - F_M^{A*}F_\varepsilon^{B*}} < 0$$

$$\frac{\partial \varepsilon^*}{\partial \rho} = \frac{\dfrac{-\sigma_A F^{A*}F_M^{B*}}{(U_{AA}\gamma_A(\gamma_A + \rho) - \sigma_A)(\gamma_A + \rho)} + \dfrac{\sigma_B F^{B*}F_M^{A*}}{(U_{BB}\gamma_B(\gamma_B + \rho) - \sigma_B)(\gamma_B + \rho)}}{F_M^{B*}F_\varepsilon^{A*} - F_M^{A*}F_\varepsilon^{B*}}$$

$$(5.38)$$

5.1.2 Hamiltonian 函数与稳态点的最优线性逼近分析

不难看出，上面用于刻画社会福利函数的 Hamiltonian 方程并不是线性的，通过 Jacobian 矩阵将非线性转化为近似的线性，可以得到控制变量和状态变量向稳态点的最优逼近方程。具体如下：

$$\begin{pmatrix} \dot{M} \\ \dot{\varepsilon} \\ \dot{S}_A \\ \dot{S}_B \end{pmatrix} = J \cdot \begin{pmatrix} M - M^* \\ \varepsilon - \varepsilon^* \\ S_A - S_A^* \\ S_B - S_B^* \end{pmatrix} \tag{5.39}$$

根据式（5.23）、式（5.24）和式（5.27），得到：

$$\frac{\mathrm{d}\lambda_A}{\mathrm{d}t} = \dot{\lambda}_A = (\rho + \gamma_A)\lambda_A + \sigma_A S_A = -(\rho + \gamma_A)U_A + \sigma_A S_A \tag{5.40}$$

式（5.27）两边对时间 t 求导：

$$-(\rho + \gamma_A)U_A + \sigma_A S_A = -U_{AA}\left(F_M^A \frac{\partial M}{\partial t} + F_\varepsilon^A \frac{\partial \varepsilon}{\partial t}\right)$$

$$-(\rho + \gamma_B)U_B + \sigma_B S_B = -U_{BB}\left(F_M^B \frac{\partial M}{\partial t} + F_\varepsilon^B \frac{\partial \varepsilon}{\partial t}\right) \tag{5.41}$$

对式（5.41）求解，得：

$$\dot{M} = \frac{\partial M}{\partial t} = \frac{((\rho + \gamma_A)U_A - \sigma_A S_A)U_{BB}F_\varepsilon^B - ((\rho + \gamma_B)U_B - \sigma_B S_B)U_{AA}F_\varepsilon^A}{U_{AA}U_{BB}(F_M^A F_\varepsilon^B - F_M^B F_\varepsilon^A)}$$

$$\dot{\varepsilon} = \frac{\partial \varepsilon}{\partial t} = \frac{((\rho + \gamma_B)U_B - \sigma_B S_B)U_{AA}F_\varepsilon^A - ((\rho + \gamma_A)U_A - \sigma_A S_A)U_{BB}F_\varepsilon^B}{U_{AA}U_{BB}(F_M^A F_\varepsilon^B - F_M^B F_\varepsilon^A)}$$

$$\tag{5.42}$$

式（5.42）结合式（5.14），得到 Hamiltonian 方程中控制变量 M 和 ε 以及状态变量 S_A 和 S_B 增长的方程组：

$$\dot{M} = \frac{\partial M}{\partial t} = \frac{((\rho + \gamma_A)U_A - \sigma_A S_A)U_{BB}F_\varepsilon^B - ((\rho + \gamma_B)U_B - \sigma_B S_B)U_{AA}F_\varepsilon^A}{U_{AA}U_{BB}(F_M^A F_\varepsilon^B - F_M^B F_\varepsilon^A)}$$

$$\dot{\varepsilon} = \frac{\partial \varepsilon}{\partial t} = \frac{((\rho + \gamma_B)U_B - \sigma_B S_B)U_{AA}F_\varepsilon^A - ((\rho + \gamma_A)U_A - \sigma_A S_A)U_{BB}F_\varepsilon^B}{U_{AA}U_{BB}(F_M^A F_\varepsilon^B - F_M^B F_\varepsilon^A)}$$

$$\dot{S}_A = \frac{\mathrm{d}S_A}{\mathrm{d}t} = F^A - \gamma_A S_A$$

$$\dot{S}_B = \frac{\mathrm{d}S_B}{\mathrm{d}t} = F^B - \gamma_B S_B \tag{5.43}$$

方程组（5.43）里四个方程分别对应着对 M、ε、S_A、S_B 求导，得到下面 Jacobian 矩阵：

$$\begin{pmatrix} \rho + \dfrac{\gamma_A F_M^{A*} F_\varepsilon^{B*} - \gamma_B F_\varepsilon^{A*} F_M^{B*}}{F_M^A F_\varepsilon^B - F_M^B F_\varepsilon^A} & \dfrac{(\gamma_A - \gamma_B) F_M^{A*} F_M^{B*}}{F_M^A F_\varepsilon^B - F_M^B F_\varepsilon^A} & \dfrac{-\sigma_A F_\varepsilon^{B*}}{U_{AA}(F_M^A F_\varepsilon^B - F_M^B F_\varepsilon^A)} & \dfrac{\sigma_A F_\varepsilon^{A*}}{U_{BB}(F_M^A F_\varepsilon^B - F_M^B F_\varepsilon^A)} \\[3mm] \dfrac{(\gamma_B - \gamma_A) F_M^{A*} F_M^{B*}}{F_M^A F_\varepsilon^B - F_M^B F_\varepsilon^A} & \rho + \dfrac{\gamma_B F_M^{A*} F_\varepsilon^{B*} - \gamma_A F_\varepsilon^{A*} F_M^{B*}}{F_M^A F_\varepsilon^B - F_M^B F_\varepsilon^A} & \dfrac{\sigma_B F_\varepsilon^{B*}}{U_{AA}(F_M^A F_\varepsilon^B - F_M^B F_\varepsilon^A)} & \dfrac{-\sigma_B F_\varepsilon^{A*}}{U_{BB}(F_M^A F_\varepsilon^B - F_M^B F_\varepsilon^A)} \\[3mm] F_M^{A*} & F_\varepsilon^{A*} & -\gamma_A & 0 \\[3mm] F_M^{B*} & F_\varepsilon^{B*} & 0 & -\gamma_B \end{pmatrix}$$

求解矩阵的特征值，结合式（5.13），得到：

$$\nu_1 = \frac{1}{2}\left(\rho - \sqrt{(\rho + 2\sigma_A)^2 - \frac{4\sigma_A}{U_{AA}}}\right) < 0$$

$$\nu_2 = \frac{1}{2}\left(\rho - \sqrt{(\rho + 2\sigma_B)^2 - \frac{4\sigma_B}{U_{BB}}}\right) < 0$$

$$\nu_3 = \frac{1}{2}\left(\rho + \sqrt{(\rho + 2\sigma_A)^2 - \frac{4\sigma_A}{U_{AA}}}\right) > 0$$

$$\nu_4 = \frac{1}{2}\left(\rho + \sqrt{(\rho + 2\sigma_B)^2 - \frac{4\sigma_B}{U_{BB}}}\right) > 0 \tag{5.44}$$

从式（5.44）可以看出，控制变量和状态变量向稳态点的最优逼近路径上存在两个鞍点。求解矩阵的特征向量，得到：

$$\xi_1 = \left(\frac{F_\varepsilon^{B*}(\nu_1 + \gamma_A)}{F_M^{A*} F_\varepsilon^{B*} - F_M^{B*} F_\varepsilon^{A*}}, \frac{-F_M^{B*}(\nu_1 + \gamma_A)}{F_M^{A*} F_\varepsilon^{B*} - F_M^{B*} F_\varepsilon^{A*}}, 1, 0\right)$$

$$\xi_2 = \left(\frac{-F_\varepsilon^{A*}(\nu_2 + \gamma_B)}{F_M^{A*} F_\varepsilon^{B*} - F_M^{B*} F_\varepsilon^{A*}}, \frac{F_M^{A*}(\nu_2 + \gamma_B)}{F_M^{A*} F_\varepsilon^{B*} - F_M^{B*} F_\varepsilon^{A*}}, 0, 1\right) \tag{5.45}$$

由式（5.39）、式（5.45）得到控制变量 M 和 ε 以及状态变量 S_A 和 S_B 向稳态点的最优逼近方程：

$$M = M^* + (S_A^0 - S_A^*) \frac{F_\varepsilon^{B*}(\nu_1 + \gamma_A)}{F_M^{A*}F_\varepsilon^{B*} - F_M^{B*}F_\varepsilon^{A*}} e^{\nu_1 t} - (S_B^0 - S_B^*) \frac{F_\varepsilon^{A*}(\nu_2 + \gamma_B)}{F_M^{A*}F_\varepsilon^{B*} - F_M^{B*}F_\varepsilon^{A*}} e^{\nu_2 t}$$

$$\varepsilon = \varepsilon^* - (S_A^0 - S_A^*) \frac{F_M^{B*}(\nu_1 + \gamma_A)}{F_M^{A*}F_\varepsilon^{B*} - F_M^{B*}F_\varepsilon^{A*}} e^{\nu_1 t} + (S_B^0 - S_B^*) \frac{F_M^{A*}(\nu_2 + \gamma_B)}{F_M^{A*}F_\varepsilon^{B*} - F_M^{B*}F_\varepsilon^{A*}} e^{\nu_2 t}$$

$$S_A = S_A^* + (S_A^0 - S_A^*) e^{\nu_1 t}$$

$$S_B = S_B^* + (S_B^0 - S_B^*) e^{\nu_2 t} \tag{5.46}$$

式（5.46）具有一般形式：$Z = Z^* + Ne^{\nu_1 t} + Le^{\nu_2 t}$。定义 τ_Z 为变量向稳态收敛的速度，$\tau_Z = \left| \dfrac{\dot{Z}}{Z - Z^*} \right|$。显然，状态变量、控制变量的增速 $\dot{Z}$ 越大，与稳态的间隔 $Z - Z^*$ 越小，状态变量、控制变量向稳态收敛的速度就越快。

对于控制变量 M 和 ε 的收敛速度来说，由式（5.46）得出：

当 $\nu_2 < \nu_1$，即 $|\nu_1| < |\nu_2|$ 时，

$$\tau_M = \tau_\varepsilon = \left| \lim_{t \to +\infty} \frac{N\nu_1 e^{\nu_1 t} + L\nu_2 e^{\nu_2 t}}{Ne^{\nu_1 t} + Le^{\nu_2 t}} \right| = \left| \lim_{t \to +\infty} \frac{N\nu_1 + L\nu_2 e^{(\nu_2 - \nu_1)t}}{N + Le^{(\nu_2 - \nu_1)t}} \right| = |\nu_1|$$

当 $\nu_1 < \nu_2$，即 $|\nu_2| < |\nu_1|$ 时，

$$\tau_M = \tau_\varepsilon = \left| \lim_{t \to +\infty} \frac{N\nu_1 e^{\nu_1 t} + L\nu_2 e^{\nu_2 t}}{Ne^{\nu_1 t} + Le^{\nu_2 t}} \right| = \left| \lim_{t \to +\infty} \frac{N\nu_1 e^{(\nu_1 - \nu_2)t} + L\nu_2}{Ne^{(\nu_1 - \nu_2)t} + L} \right| = |\nu_2|$$

由于控制变量 M 和 ε 向稳态收敛的速度为 $\min\{|\nu_1|, |\nu_2|\}$，可以看出控制变量 M 和 ε 向稳态收敛的速度不是单调的。

对于状态变量 S_A 和 S_B 的收敛速度来说，由式（5.46）得出：

$$\tau_{S_A} = |\nu_1|, \tau_{S_B} = |\nu_2|$$

可以看出状态变量 S_A 和 S_B 向稳态收敛的速度是单调的。

式（5.46）两边对时间 t 求导，得到：

$$\dot{M} = \nu_1(S_A^0 - S_A^*) \frac{F_\varepsilon^{B*}(\nu_1 + \gamma_A)}{F_M^{A*}F_\varepsilon^{B*} - F_M^{B*}F_\varepsilon^{A*}} e^{\nu_1 t} - \nu_2(S_B^0 - S_B^*) \frac{F_\varepsilon^{A*}(\nu_2 + \gamma_B)}{F_M^{A*}F_\varepsilon^{B*} - F_M^{B*}F_\varepsilon^{A*}} e^{\nu_2 t}$$

$$\dot{\varepsilon} = -\nu_1(S_A^0 - S_A^*)\frac{F_M^{B*}(\nu_1 + \gamma_A)}{F_M^{A*}F_\varepsilon^{B*} - F_M^{B*}F_\varepsilon^{A*}}e^{\nu_1 t} + \nu_2(S_B^0 - S_B^*)\frac{F_M^{A*}(\nu_2 + \gamma_B)}{F_M^{A*}F_\varepsilon^{B*} - F_M^{B*}F_\varepsilon^{A*}}e^{\nu_2 t}$$

$$\dot{S}_A = \nu_1(S_A^0 - S_A^*)e^{\nu_1 t}$$

$$\dot{S}_B = \nu_2(S_B^0 - S_B^*)e^{\nu_2 t} \qquad (5.47)$$

式（5.47）可以看出，控制变量 $\dot{M}$、$\dot{\varepsilon}$ 的最优路径是非单调的，并在特殊的情况下取得极值，当 $\mathrm{sgn}(S_A^0 - S_A^*) \neq \mathrm{sgn}(S_B^0 - S_B^*)$ 时，$\dot{M}$ 存在着极大值与极小值，$\dot{\varepsilon}$ 单调变化；当 $\mathrm{sgn}(S_A^0 - S_A^*) = \mathrm{sgn}(S_B^0 - S_B^*)$ 时，$\dot{\varepsilon}$ 存在着极大值与极小值，$\dot{M}$ 单调变化。而状态变量 $\dot{S}_A$、$\dot{S}_B$ 的最优路径始终是单调的。

下面考察污染损害函数 D 的变化趋势。

将式（5.46）、式（5.47）代入式（5.6），得到

$$D = \frac{\sigma_A}{2}(S_A^* + (S_A^0 - S_A^*)e^{\nu_1 t})^2 + \frac{\sigma_B}{2}(S_B^* + (S_B^0 - S_B^*)e^{\nu_1 t})^2 \quad (5.48)$$

式（5.48）对时间 t 求导：

$$\dot{D} = \sigma_A\nu_1(S_A^0 - S_A^*)e^{\nu_1 t}S_A + \sigma_B\nu_2(S_B^0 - S_B^*)e^{\nu_2 t}S_B$$

$$\Rightarrow -\frac{S_B}{S_A} = -\frac{S_B^* + (S_B^0 - S_B^*)e^{\nu_1 t}}{S_A^* + (S_A^0 - S_A^*)e^{\nu_1 t}} = \frac{\sigma_A\nu_1(S_A^0 - S_A^*)e^{\nu_1 t}}{\sigma_B\nu_2(S_B^0 - S_B^*)e^{\nu_2 t}} \quad (5.49)$$

显然，污染损害 D 的最优路径也不是单调的。

5.2　本章小结

在基于资源消耗和环境控制框架下的农旅产业耦合系统增长模型里，稳态条件下，产业的存量污染的衰减系数 γ 越大，分配到该产业上的资源就越多；反之，产业的存量污染的衰减系数 γ 越小，分配到该产业上的资源就越少。

在基于资源消耗和环境控制框架下的农旅产业耦合系统增长模型里，稳态条件下，产业的存量污染的危害系数 σ 越大，分配到该产业上的资源就越少；反之，产业的存量污染衰减系数 σ 越小，分配到该产业上的资源就越多。

在基于资源消耗和环境控制框架下的农旅产业耦合系统增长模型里，稳态条件下，贴现率 ρ 越大，产业消耗的资源就越多。

产业耦合中控制变量 M（即资源消耗总量或产业市场规模）和 ε（产业市场结构或产业比重）以及状态变量 S_A 和 S_B（即污染存量）对达到稳态增长的影响很大。总体来说，其增速越快，变量向稳态收敛的速度就越快。但是，收敛于稳态增长的路径是不同的，市场的规模、资源的消耗、产业的结构向稳态收敛的速度并不是单调的，而产业的污染存量向稳态收敛的速度是单调的。

污染损害 D 的最优增长路径不是单调的。

6　数值模拟与实证

6.1　产业发展中的资源配置、环境容量与污染衰减

6.1.1　参数设定及假设

本章对第 3 ~ 5 章的主要结论进行数值模拟分析，主要假设和参数解释见相关内容。为了便于最优化求解，进一步假定如下：

定义产业的产出函数为：

$$Q^i = P^i(R) = \sqrt{R^i}, i = A, B \tag{6.1}$$

定义效用函数为：

$$U(Q^A, Q^B) = (Q^A)^2 + (Q^B)^2 \tag{6.2}$$

定义污染损害函数为：

$$D = \frac{\sigma_A}{2}(S_A)^2 + \frac{\sigma_B}{2}(S_B)^2 \tag{6.3}$$

为了确保动态最优化方程可解并且处于假定的范围内（$0 \leqslant M \leqslant 1, 0 \leqslant \varepsilon \leqslant 1$），参数设定如表 6.1 所示。所有数值模拟、最优化求解和作图均使用 MATLAB7.0。

表 6.1　　　　　　　　　　主要参数设定

假定条件	参数	σ_A	σ_B	γ_A	γ_B	$S_A(0)$	$S_B(0)$	ρ
I	$\sigma_A = \sigma_B,$ $\gamma_A = \gamma_B$	0.0002	0.0002	0.01	0.01	100	100	0.01
II	$\sigma_A < \sigma_B$	0.0001	0.0002	0.01	0.01	100	100	0.01
III	$\gamma_A < \gamma_B$	0.0002	0.0002	0.01	0.02	100	100	0.01
IV	$S_A(0) > S_B(0)$	0.0002	0.0002	0.01	0.01	100	0	0.01
V	ρ 减小	0.0002	0.0002	0.01	0.01	100	100	0.0001
VI	$\sigma_A > \sigma_B,$ $\gamma_A > \gamma_B,$ $S_A(0) > S_B(0)$	0.0002	0.0001	0.02	0.01	10	0	0.01

6.1.2　模拟结果

6.1.2.1　假定条件 I 下

从前面的相关模型刻画中可以很明显地得到：当污染物衰减、初始环境容量、污染物损害的条件完全相同时，产业发展将平分整个经济系统的规模与比例（见表 6.2、图 6.1～图 6.3）。

表 6.2　　　　　　　　假定条件 I 的最优化解

参数	S_A^*	S_B^*	M^*	ε^*	ρ
$\sigma_A = \sigma_B, \gamma_A = \gamma_B$	41	41	0.3362	0.5	0.01

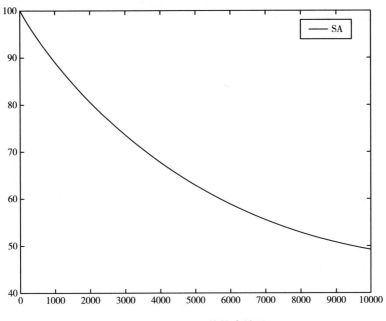

图 6.1 SA（t）值仿真结果

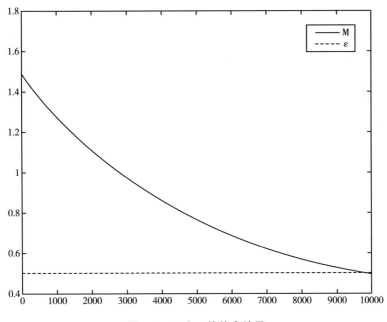

图 6.2 M 和 ε 值仿真结果

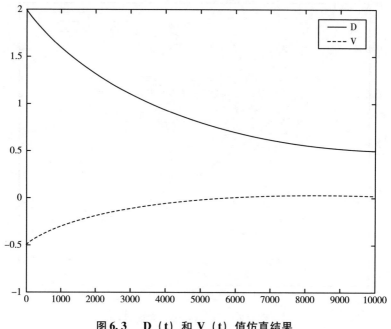

图6.3   D（t）和 V（t）值仿真结果

结合表6.2、图6.1~图6.3，数值模拟结果显示：在假定条件 I 下，当污染物衰减、初始环境容量、污染物损害的条件完全相同时，产业发展将平分整个经济系统的规模与比例。在增长路径上，污染存量与产业规模不断减少，污染损害单调下降，社会福利单调上升。

6.1.2.2   假定条件 II 下

在假定条件 II 下，假设污染危害系数 $\sigma_A < \sigma_B$，污染衰减系数相同 $\gamma_A = \gamma_B$，初始环境容量相同 $S_A(0) = S_B(0)$（见表6.3、图6.4~图6.6）。

表6.3   假定条件 II 下的最优化解

参数	S_A^*	S_B^*	M^*	ε^*	ρ
$\sigma_A < \sigma_B$	41	22	0.2165	0.7764	0.01

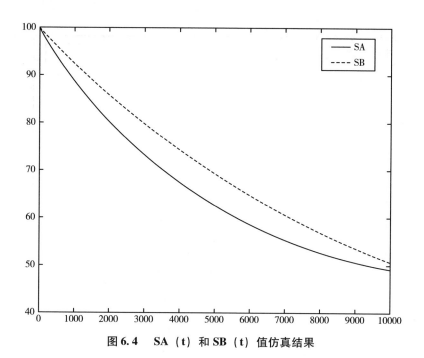

图 6.4　SA（t）和 SB（t）值仿真结果

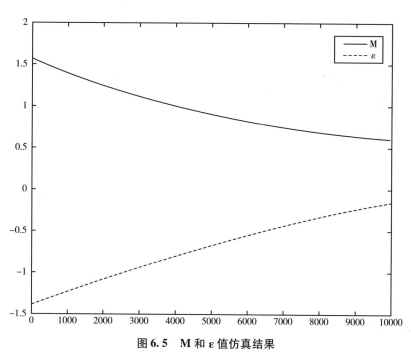

图 6.5　M 和 ε 值仿真结果

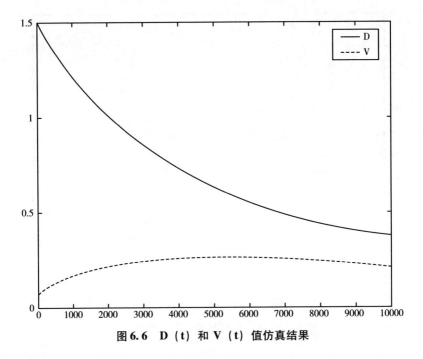

图 6.6　D（t）和 V（t）值仿真结果

结合表 6.3、图 6.4～图 6.6，数值模拟结果显示：在假定条件 II 下，稳态条件下，产业的存量污染的危害系数 σ 越大，分配到该产业上的资源就越少；反之，产业的存量污染衰减系数 σ 越小，分配到该产业上的资源就越多。在增长路径上，污染损害单调下降，社会福利单调上升。

6.1.2.3　假定条件 III 下

在假定条件 III 下，假设污染衰减系数 $\gamma_A < \gamma_B$，污染危害系数相同 $\sigma_A = \sigma_B$，污染衰减系数相同 $\gamma_A = \gamma_B$，初始环境容量相同 $S_A(0) = S_B(0)$（见表 6.4、图 6.7～图 6.9）。

表 6.4　　　　　　　　　　假定条件 III 下的最优化解

参数	S_A^*	S_B^*	M^*	ε^*	ρ
$\gamma_A < \gamma_B$	6	41	0.1825	0.0789	0.01

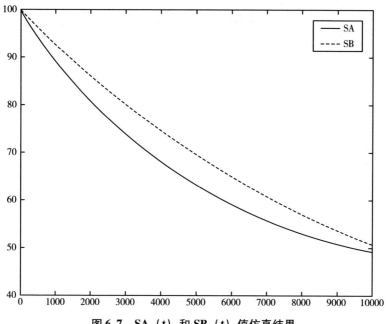

图 6.7 SA（t）和 SB（t）值仿真结果

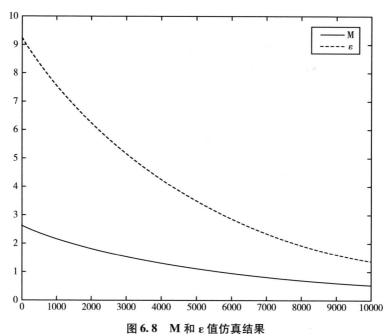

图 6.8 M 和 ε 值仿真结果

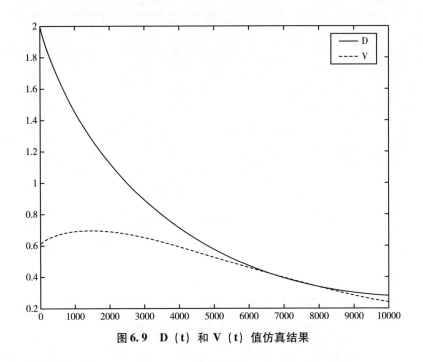

图 6.9 D（t）和 V（t）值仿真结果

结合表 6.4、图 6.7～图 6.9，数值模拟结果显示：在假定条件 III 下，产业的存量污染的衰减系数 γ 越大，分配到该产业上的资源就越多；反之，产业的存量污染的衰减系数 γ 越小，分配到该产业上的资源就越少。

6.1.2.4 假定条件 IV 下

在假定条件 IV 下，假设初始环境容量 $S_A(0) > S_B(0)$，污染衰减系数相同 $\gamma_A = \gamma_B$，污染危害系数相同 $\sigma_A = \sigma_B$（见表 6.5、图 6.10～图 6.12）。

表 6.5 　　　　　　　　假定条件 IV 下的最优化解

参数	S_A^*	S_B^*	M^*	ε^*	ρ
$S_A(0) > S_B(0)$	41	41	0.3362	0.5	0.01

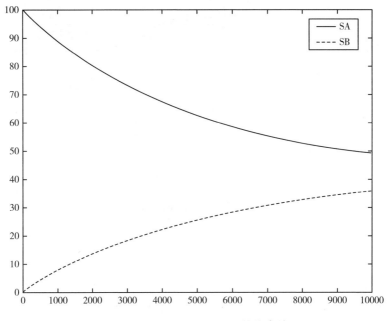

图 6.10 SA（t）和 SB（t）值仿真结果

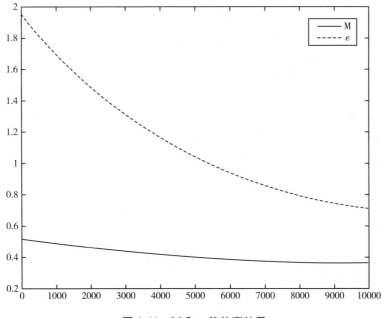

图 6.11 M 和 ε 值仿真结果

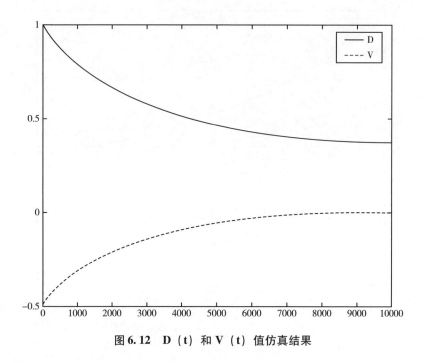

图 6.12　D（t）和 V（t）值仿真结果

结合表 6.5、图 6.10~图 6.12，数值模拟结果显示：在假定条件 Ⅳ 下，产业的初始污染存量越大，向稳态收敛的速度就越快。

6.1.2.5　假定条件 Ⅴ 下

在假定条件 Ⅴ 下，假设社会贴现率 ρ 降低，污染危害系数相同 $\sigma_A = \sigma_B$，污染衰减系数相同 $\gamma_A = \gamma_B$，初始环境容量相同 $S_A(0) = S_B(0)$（见表 6.6、图 6.13~图 6.15）。

表 6.6　　　　　　　假定条件 Ⅴ 下的最优化解

参数	S_A^*	S_B^*	M^*	ε^*	ρ
ρ 减少，$\rho = 0.001$	41	41	0.3362	0.5	0.0001

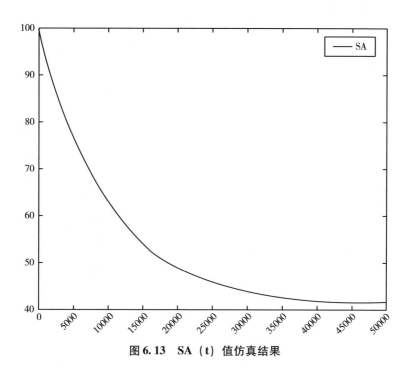

图6.13　SA（t）值仿真结果

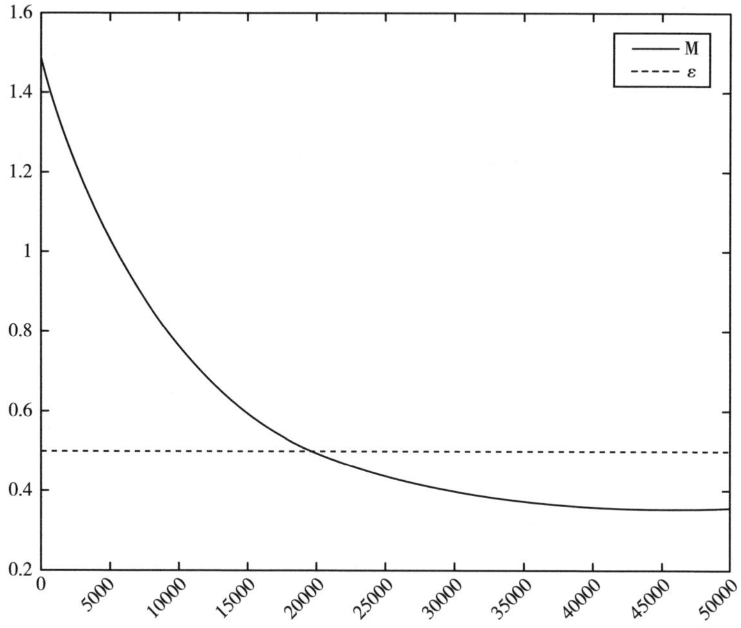

图6.14　M 和 ε 值仿真结果

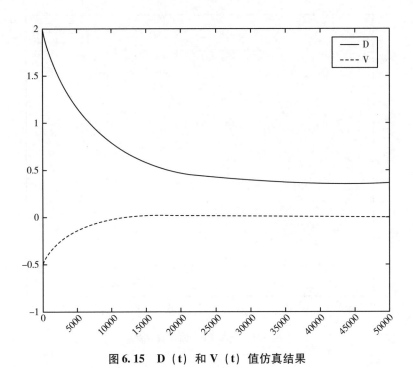

图 6.15 D（t）和 V（t）值仿真结果

结合表 6.6、图 6.13 ~ 图 6.15，数值模拟结果显示：在假定条件 V 下，贴现率 ρ 越大，产业消耗的资源就越多。

6.1.2.6 假定条件 VI 下

在假定条件 VI 下，假设污染危害系数 $\sigma_A > \sigma_B$，污染衰减系数 $\gamma_A > \gamma_B$，初始环境容量 $S_A(0) > S_B(0)$（见表 6.7、图 6.16 ~ 图 6.19）。

表 6.7   假定条件 VI 下的最优化解

参数	S_A^*	S_B^*	M^*	ε^*	ρ
$\sigma_A > \sigma_B$，$\gamma_A > \gamma_B$，$S_A(0) > S_B(0)$	6	22	0. 0628	0. 2293	0. 01

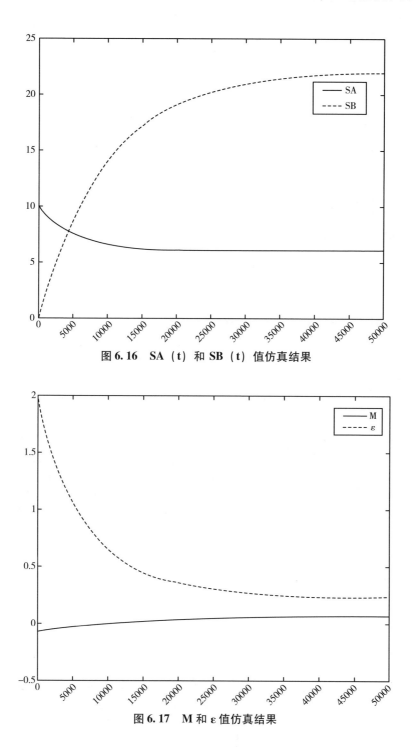

图 6.16 SA（t）和 SB（t）值仿真结果

图 6.17 M 和 ε 值仿真结果

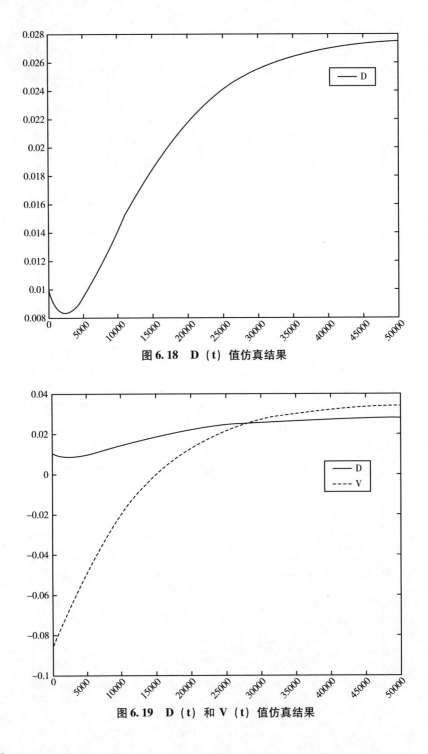

图 6.18 D（t）值仿真结果

图 6.19 D（t）和 V（t）值仿真结果

结合表 6.7、图 6.16～图 6.19，数值模拟结果显示：在假定条件 Ⅵ 下，特定的参数取值将影响到社会福利函数以及社会损害函数的变化。有可能出现非单调曲线和拐点。这与之前其他研究中的库兹涅茨曲线相吻合。

6.1.3 结论

通过对不同污染存量水平、不同污染流量水平、不同环境容量水平、不同降解速率水平的不同污染物、不同产业的不同污染物对产业耦合影响的数值模拟，结果很好地验证了前面推导出的结论。各参数的取值决定了产业耦合的动态最优化过程和比较静态结果。

（1）在基于资源消耗和环境控制框架下的农旅产业耦合系统增长模型里，稳态条件下，产业的存量污染的衰减系数 γ 越大，分配到该产业上的资源就越多；反之，产业的存量污染的衰减系数 γ 越小，分配到该产业上的资源就越少。

（2）在基于资源消耗和环境控制框架下的农旅产业耦合系统增长模型里，稳态条件下，产业的存量污染的危害系数 σ 越大，分配到该产业上的资源就越少；反之，产业的存量污染衰减系数 σ 越小，分配到该产业上的资源就越多。

（3）在基于资源消耗和环境控制框架下的农旅产业耦合系统增长模型里，稳态条件下，贴现率 ρ 越大，产业消耗的资源就越多。

（4）参数的取值将影响到社会福利函数以及社会损害函数的变化，有可能出现非单调曲线和拐点。这与之前其他研究中的库兹涅茨曲线相吻合。

6.2 生态农旅产业耦合混合经济产出的最优化设计及评估

6.2.1 基本思想

具备可持续发展特征的生态农旅产业耦合能够产生更大的经济效益，但同时也受到有限的资源（如土地）容量的约束。为了克服因最终经济产出的市场价格缺失而造成的评估困难，本书使用了一种基于有限土地资源约束的折中规划模型，对不同规模的经营组合所产生的收益变化进行刻画和分析，然后与传统的优化算法进行比较，得出最终的优化设计方案。

基于有限资源约束下的消耗型生态农旅产业耦合系统，其发展应遵循以下两个重要原则：一是产业系统必须在有限的资源边界上（或者内）进行生产和经营，以保持在可持续的框架下长期发展；二是其生产经营的规模组合必须是合理高效的。

然而，现实中的农旅混合产业的产出往往具有一般旅游物品共有的公共品或准公共品特征。除了少数显性的指标外，通常是很难判断其消费水平的。这就决定了农旅混合产业产出是很难通过市场行为进行交换的，退一步说，就算存在这种市场，其市场的结构也是不完备的。对于这种"项目实际成本或利益不能通过市场价值来表现或不能进入市场交易"的特殊情况，市场无法正确评价所有相关的价值流，需要采用非市场评价技术来评价该项目的净值。通常的解决方法是通过成本—效益分析（CBA）进行评估。如果预期社会净现值大于零，项目则应该实施。但是，这样的处理又将遇到一个新的困境，即混合产出的价值测算问题。一般而言，建立在农业发展基础上的生态旅游产品其价值主要表现为提供非实物型直接使用价值（如旅游价值）和非使用价值（如存在价值）。由于受到国家法律法规的限制，旅游产业在土地利用、森林利用、提供原材料和其他物质产品方面，均受到严格的限制。而正是这些受到严格限制的使用价值、难以评估的存在价值，又进一步导致缺乏足够且稳定的最终产品和服务市场参考价格，最终很难对农旅混合项目的经营规模、组合进行准确评估。因此，根据最终产出和服务的影子价格动态变化来决定旅游产业的生产行为不失为一个有效的尝试。

6.2.2　最优化模型

（1）模型构建。

考虑一个农旅产业系统，产业消耗土地资源得到经济产出，不同的产业生产价值不同的最终产品，产业耦合系统的生产经营规模存在多种组合形式。构建以下基本模型：

$q(q_1,q_2,\cdots,q_n)$ 表示有限的土地资源下的最终经济产出向量；$q(q_1^*,q_2^*,\cdots,q_n^*)$ 表示有限的土地资源下的最大经济产出向量；$q(q_1^-,q_2^-,\cdots,q_n^-)$ 表示有限的土地资源下的最小经济产出向量；$k = T(q_1,q_2,\cdots,q_n)$ 表示生产可能性边界；C 表示在生产可能性边界 k 上进行经营所需要的资源成本或投资；$p(p_1,p_2,\cdots,p_n)$ 表示典型的生态农业与生态旅游业产品的影子价格；$B = \sum_{i=1}^{n} p_i q_i$ 表示一定生产规模组合下产出的产品和服务的影子收益。因此，上述定义应该满足以下条件：第一，$B = \sum_{i=1}^{n} p_i q_i \geqslant C$。即理性的生产经营应该是至少保证投入不能大于产出的。第二，$\min(B - C)$。假定投资规模是最优的，那么对组合型的农旅产业系统而言，其经营组合的最合理的评估应该是产出的影子收益与资本投入之间的差异最小化，这可以避免对组合决策的过度评估。显然，当两者的差距较大时，这样的评估是没有意义的。

由此可以得到基于土地约束下的农旅产业优化模型：

$$\min(B - C)$$

$$\text{s. t. } B = \sum_{i=1}^{n} p_i q_i \geqslant C \tag{6.4}$$

（2）模型求解。

令 $B - C = 0$，求得模型（6.4）存在这样一类超平面：$\sum_{i=1}^{n} p_i q_i = C$，显然，此超平面存在以下三种类型：

$$p_i = \frac{C}{q_{i_i}^* - \vartheta_i}, \ \vartheta_i > 0 \tag{6.5}$$

$$p_i = \frac{C}{q_{i_i}^*}, \ \forall i \tag{6.6}$$

$$p_i = \frac{C}{q_{i_i}^* + \vartheta_i}, \ \vartheta_i > 0, i = j \tag{6.7}$$

对于第一类超平面式（6.5）而言，存在位于生产可能性边界 k 上的向量 $(q_1^0, q_2^0, \cdots, q_n^0)$，将该向量引入式（6.4），可以得到 $B - C = \sum_{i=1}^{n} \frac{Cq_i^*}{q_i^* - \vartheta_i} - C$。同理对于第二类超平面式（6.6）而言，存在位于生产可能性边界 k 上的向量 $(q_1^0, q_2^0, \cdots, q_n^0)$，将该向量引入式（6.4），可以得到 $B - C = \sum_{i=1}^{n} \frac{Cq_i^*}{q_i^*} - C$。不难看出，$\min(B - C)$ 取后者。对第二类超平面式（6.6）而言，$B - C = \sum_{i=1}^{n} \frac{Cq_i^*}{q_i^*} - C = 0$，此类超平面将 n 维向量空间区隔成两块：向量 $(0, 0, \cdots, 0)$ 构成区域一，余下的凸的生产可能性边界构成区域二，除此之外还有一类特殊的向量 $(0, \cdots, q_i^*, \cdots, 0)$。将向量 $(0, 0, \cdots, 0)$ 引入式（6.4），可以得到 $B - C = -C < 0$，不符合 $B = \sum_{i=1}^{n} p_i q_i \geq C$ 的条件。对于第三类超平面式（6.7）而言，至少存在这样一组位于生产可能性边界 k 上的向量 $(0, \cdots, q_j^*, \cdots, 0)$，将该向量引入式（6.4），可以得到 $B - C = \frac{Cq_j^*}{q_j^* + \vartheta_j} - C < 0$。这与 $B = \sum_{i=1}^{n} p_i q_i \geq C$ 的条件不符，因此放弃此类超平面解。

定义变量 $Q_i = q_i - q_i^-$，在折中规划模型里，假定最低生产规模 q_i^- 可以为 0。那么，式（6.4）可表述为：

$$\min \left(\sum_{i=1}^{n} p_i Q_i - f \right)$$

$$\text{s. t. } \sum_{i=1}^{n} p_i Q_i \geq f, f > 0 \tag{6.8}$$

求解式（6.8），得到：

$$p_i = \frac{f}{Q_i^*} = \frac{f}{q_{i_i}^* - q_{i_i}^-}, \ \forall i \tag{6.9}$$

令 $f = \dfrac{C}{1 + \sum_{i=1}^{n} \dfrac{q_i}{q_i^* - q_i^-}}$，由式（6.8）、式（6.9），得到 $\dfrac{f}{q_i^* - q_i^-} \cdot q_i \geq C$。

所以，式（6.4）的解为：

$$p_i = \frac{f}{q_i^* - q_i^-} = \frac{C}{\left(q_i^* - q_i^-\right)\left(1 + \sum\limits_{i=1}^{n} \frac{q_i^-}{q_i^* - q_i^-}\right)} \tag{6.10}$$

式（6.10）可理解为基于有限土地约束下的农旅产业耦合项目的最优影子价格。因此，在有限的土地容量约束下的农旅产业耦合项目的最优影子价格（即整体收益）可表示为：

$$B = \max C \sum_{i=1}^{n} \frac{q_i}{\left(q_i^* - q_i^-\right)\left(1 + \sum\limits_{i=1}^{n} \frac{q_i^-}{q_i^* - q_i^-}\right)} \tag{6.11}$$

6.2.3 实证分析

6.2.3.1 基本条件

本书选择重庆市合川区为研究对象。重庆市合川区距重庆主城区仅 57 公里，交通干道纵横交错，水陆交通较为发达，被誉为重庆通向四川、陕西、甘肃等大西北省区的"经济走廊"。作为重庆地区传统的农业产业区和新兴的黄金旅游地区，合川在成渝经济带中，为传递重庆在长江上游和西南地区的辐射力起到了巨大的作用。

合川地区拥有丰富的特色农产品，包括：优质粮（水稻 q_1、小麦 q_6、红薯 q_4、玉米 q_3、油菜 q_5）、特色经果 q_8、蔬菜 q_2、水产 q_7 和林业 q_9。合川区 2006 年土地利用结构如表 6.8 所示。

表 6.8			合川区土地利用结构					
用地类型	稻谷用地	小麦用地	玉米用地	红苕用地	油菜用地	蔬菜用地	养殖水面	园地	林地
利用现状（公顷）	45467	16933	24400	28533	9063	17867	11380	9191	29183
占全区比重（%）	19.40	7.23	10.41	12.18	3.87	7.62	4.86	3.92	12.45

资料来源：重庆市合川区人民政府官网。

当地土地利用结构优化的约束条件主要包括与土地利用结构关系特别密切的土地资源、社会需求和生态环境以及相关政策等方面，具体约束如下：

第一，用地总面积约束。各类主要用地面积的总和等于研究涉及的主要土地总面积，即 $q_1 + q_2 + q_3 + q_4 + q_5 + q_6 + q_7 + q_8 + q_9 \geqslant 170706$（公顷）。

第二，耕地规划及适宜性约束。根据重庆合川区土地利用总体规划纲要，2006 年耕地面积为 110565.6 公顷，2010 年耕地面积为 106281.42 公顷，2020 年耕地面积为 97901.07 公顷，则 2015 年的耕地面积为 $(q_1 + q_2 + q_3 + q_4 + q_5 + q_6)/1.2 \geqslant 102091$（公顷），其中系数 1.2 是利用合川区 1999 ~ 2008 年实有耕地面积与历年各作物播种面积的比值求平均得到。

第三，农产品需求及作物历史发展约束。根据合川区农产品消费、预测总人口数、农作物单产水平以及近年来合川区各作物的实际生产情况可综合得出各农作物用地的需求量。由此可得出约束条件为：$45000 \geqslant q_1 \geqslant 40000$；$28000 \geqslant q_2 \geqslant 18000$。

第四，生态环境条件约束。根据合川生态环境建设规划，经果园地和林地的约束条件为：$q_8 \geqslant 12749$；$q_9 \geqslant 35448$。

第五，灌溉养殖面积约束。根据合川区现有及规划期土地利用结构以及合川区农业产业发展规划可分析得到灌溉养殖面积的约束条件为：$12133 \geqslant q_7 \geqslant 13800$。

6.2.3.2　模型实证

在一个相对封闭、土地有限的生产边界内，农旅产业耦合需要对共同消耗的土地资源进行有效的优化规划，以得到更优的经济产出效率。以合川区典型经济作物稻谷和本地蔬菜为例，稻谷产量很大程度上影响了农业的收入，而蔬菜种植（特别是本地蔬菜和特色蔬菜）不仅提供农业产值，还能够作为农家乐、郊区度假等新兴旅游项目的下游衍生产业对地区旅游产业提供服务，且两者对土地的依赖体现出一定程度的竞争性。根据上面的约束条件，不难得出：$q_1^* = 45000$，$q_1^- = 40000$，$q_2^* = 28000$，$q_2^- = 18000$。根据模型的式（6.1）~ 式（6.8），可以得到：

$$p_1 = \cfrac{C}{\left(q_1^* - q_1^-\right)\left(1 + \sum\limits_{i=1}^{2} \cfrac{q_i^-}{q_i^* - q_i^-}\right)}$$

$$= \cfrac{C}{\left(45000 - 40000\right)\left(1 + \cfrac{40000}{45000 - 40000} + \cfrac{18000}{28000 - 18000}\right)}$$

$$= \cfrac{C}{54000}$$

$$p_2 = \cfrac{C}{\left(q_2^* - q_2^-\right)\left(1 + \sum\limits_{i=1}^{2} \cfrac{q_i^-}{q_i^* - q_i^-}\right)}$$

$$= \cfrac{C}{\left(28000 - 18000\right)\left(1 + \cfrac{40000}{45000 - 40000} + \cfrac{18000}{28000 - 18000}\right)}$$

$$= \cfrac{C}{108000}$$

$$\Rightarrow B = \max C \times \left(\cfrac{q_1}{54000} + \cfrac{q_2}{108000}\right)$$

通过对已有数据和年鉴资料的收集和整理，使用回归分析大致估计出谷物与蔬菜的生产可能性曲线遵循以下二次方程：

$$q_2 = -0.7 \times 10^{-5} \times q_1^2 + 6.1 \times 10^{-1} \times q_1 + 4000$$

$$\Rightarrow q_1 = 43575 \,;\, q_2 = 26558$$

$$\Rightarrow B = C \times \left(\cfrac{43575}{54000} + \cfrac{26558}{108000}\right) \approx 1.05C$$

根据合川区当地政府部门的"十二五"专项规划，"十二五"期间增加一笔专项投资用于该地区的农业基础设施升级，以加大对重点优势产业的开发力度，进一步拓展生态旅游产业的下游农产品行业市场。投资总额为3000万元，计算出谷物与蔬菜的最优影子收益为：$q_1 = 41887$；$q_2 = 27541$；$B' = C' \times \left(\cfrac{41887}{51429} + \cfrac{27541}{102857}\right) \approx 1.08C'$。

6.2.3.3 传统优化方法实证

根据合川区 1999～2008 年统计资料中各用地的经济效益，确定得到 2009 年合川区目标函数各设置变量的经济效益系数，其中稻谷、小麦、玉米、红苕和油菜用地的经济效益系数根据农产品单位面积（公顷）产量乘以市场价格（近年平均价格）得出；蔬菜用地、经果园地和林地采用总产值除以该类土地总面积得出；灌溉养殖水面采用渔业总产值除以养殖水面的总面积得出，其中规划的稻田养殖产值计算在稻谷用地中。

根据上述目标函数和约束方程，利用 Lindo 软件求解线性规划模型的最优目标函数值，从而对合川区农业土地利用结构进行优化配置。计算代码省略，得到结果如表 6.9 所示。

表 6.9　　　　　　　　　　土地优化的结构性变化

项目		稻谷用地（X1）	蔬菜用地（X2）	玉米用地（X3）	红苕用地（X4）	油菜用地（X5）	小麦用地（X6）	灌溉养殖（X7）	经果园地（X8）	林地（X9）
2008年状况	面积（公顷）	45467	17867	24400	28533	9063	16933	11380	9191	29183
	比重（%）	23.68	9.3	12.71	14.86	4.72	8.82	5.93	4.79	15.2
方案A优化	面积（公顷）	40000	22258	21251	24000	5000	10000	13800	12749	35448
	比重（%）	21.68	12.06	11.52	13.01	2.71	5.42	7.48	6.91	19.21
	增减（%）	-2	2.76	-1.19	-1.85	-2.01	-3.4	1.55	2.12	4.01
方案B优化	面积（公顷）	43575	26558	19109	23000	5350	10000	14982	13711	34091
	比重（%）	22.89	13.95	10.04	12.08	2.81	5.25	7.87	7.2	17.91
	增减（%）	-0.79	4.65	-2.67	-2.78	-1.91	-3.57	1.94	2.42	2.71
方案C优化	面积（公顷）	41887	27541	18901	19000	5540	11000	15000	14141	35668
	比重（%）	22.2	14.6	10.02	10.07	2.94	5.83	7.95	7.49	18.9
	增减（%）	-1.48	5.29	-2.69	-4.79	-1.78	-2.99	2.02	2.71	3.71

6.2.4 主要结论

优化后的合川区土地利用结构效果良好，具体表现为：

（1）农用土地经济效益得到提高。粗略估计在农业用地优化结构以及满足生态环境建设要求的情况下，2015 年合川区上述农业土地利用最大经济收益可以达到 273071.8 万元～343557.6 万元。

（2）耕地总量保持动态平衡，耕地利用结构得到优化。从合川区耕地的发展演变及其预测分析得出，耕地总量呈减少趋势。而优化后的耕地面积基本上保证了总量的动态平衡，同时耕地利用结构得到了优化，稻谷等用地的比重有所减少，蔬菜等特色农产品生产用地的比重有所增加，不仅提高耕地经济效益，同时促进了农旅产业发展，优化了产业结构。

（3）林木覆盖率提高，生态环境改善。在优化过程中经果园地、林地面积作为约束条件得到相应生态保障，优化后的土地结构中两者的面积有较大增加。

6.3 本章小结

数据模拟验证了第 3～5 章的模型推导及结论，对于基于资源与环境约束下的农旅产业耦合而言，整个经济系统的发展受到环境、资源等多方面的约束。不同的参数取值决定了产业耦合发展的趋势、最优化路径与配置。

农旅产业耦合将提升整体经济收益，并有助于改善产业结构。在土地利用设计时必须考虑对竞争性资源进行分配和规划。其中，不同的土地利用优化方案，产出收益不同。对于缺乏足够、有效、稳定的市场农产品参考价格，可以通过产出收益影子化的最优化模型对产业项目的规模、组合变更行为进行有效评估。通过最终经济产出影子价格的最优化计算为项目规模、组合变更行为进行合理的评估，有效地规避了经济产出的价值测算问题。

7　研究结论与展望

7.1　主要研究结论

首先，本书回顾了研究生态农业、生态旅游业产业发展，产业耦合发展，基于资源与环境约束下的产业发展的环境承载力问题，最优控制理论在区域产业经济增长、资源环境经济学中的应用问题，以及国内外对基于资源消耗和环境约束下的产业耦合系统发展的影响因素问题等主要问题的相关文献。通过对相关文献的分析梳理，研究表明：构建生态农业与生态旅游业的耦合系统，通过对基于资源、环境约束下的产业耦合系统中各资源的有效配置和利用，是实现具备可持续发展特征的新型产业结构调整升级的有效路径和手段。

其次，本书运用系统动力学和动态最优控制（the theory of dynamic optimization）工具，对基于资源与环境约束下生态农业与生态旅游业耦合系统的内部运作机理进行框架模型刻画，并嵌入以下主要变量：参与主体、构建模式、资源环境和技术进步等影响因子、经济收益及分配。

根据上述框架模型刻画确立的生态农业与生态旅游业的互动规律，进一步根据污染控制的时空差异（time-spatial differentiation of pollution control）和经济收益的产业差异（industrial differentiation of economic benefit），构建合理的生态农旅产业耦合系统，实现对资源共享和对污染的协同控制。主要研究结论包括：

（1）利用动态最优化工具对基于资源与环境承载力约束下两大产业资源

配置的动态最优化问题进行了分析，得出：

① 产业耦合系统由自然资源子系统、人口子系统、市场子系统、环境子系统（主要包括污染物的监测、计算、分析、预测与控制）、政府监管和制度子系统等诸多子系统构成。

② 在开放系统中，不同产业间的关系基本上分为竞争、互补与不相关三种。

③ 对于农业与旅游业两大产业耦合后的大系统产业而言，相互合作比相互竞争对于不可再生资源的开发和消耗更具有可持续性。合作性产业耦合通过对基于不可再生资源生产出的产品的价格控制来延长资源的开采和使用时间，因此，在一定程度上延缓了不可再生资源的消耗。

④ 生态农业与生态旅游业产业系统的耦合升级，改变传统的单一的农业耕作模式，并耦合具有产业相关性的生态旅游业，将提升三峡库区的经济实力，缓解农村剩余劳动力就业压力，改善生态环境，促进不发达地区的跨越式发展。其中，合理确定生态农业与生态旅游业之间的竞争关系，是准确刻画、描述产业耦合系统对经济、社会、环境影响的关键。

（2）刻画一次资源、二次资源、原始资源、可再生资源等不同资源在产业耦合系统中的分配和使用，分析资源之间的不同替代关系对产业耦合的影响。结果显示，资源消耗型产业在环境污染以及技术进步相关的人力资本积累（包括原始资源的二次开发利用和产业污染物的治理）的约束下实现稳态经济增长的路径上，根据不同的考虑可以得到以下几种不同的结论：

① 倘若考虑对污染的治理投入（这里仅仅指污染无害化处理，不包括对废物的再利用），且假定其治理的成本与效果得到完美体现（即假设的成本系数和治理系数均稳定有效），那么，经济增长的速度，或者说向最优稳态经济增长路径收敛的速度将保持一个常量不变。

② 倘若不考虑对污染的治理投入（这里仅仅指污染无害化处理，不包括对废物的再利用），那么，经济增长的速度，或者说向最优稳态经济增长路径收敛的速度将是一个变化值，并受到原始资源和二次再利用资源间的技术替代率的影响，替代率越高，经济系统向最优稳态经济增长路径收敛的速度就越快。

③ 基于资源消耗和循环利用的系统，在长期均衡下稳态的最优增长路径上，经济产出将保持一个稳定的增速发展，其增速与原始资源和二次再利用资源间的技术替代率无关，而是与大系统中其他关键参数的取值有关。换句话说，当资源间的技术替代率小于 1 时，经济系统将消耗更多的劳动力、时间和人力资本积累来达到最优增长速率，一旦达到，经济系统将保持一个稳定的速度向前发展。

④ 在满足函数为正的给定参数条件下，在基于资源消耗经济系统的最优稳态增长路径上，不完全的一、二次资源替代较之充分的资源回收再利用而言，将消耗更多的原始资源以达到稳态增长。由于对原始资源的消耗增加，将对环境污染及整个的社会福利产生更大的负面影响。

⑤ 在基于资源消耗经济系统的最优稳态增长路径上，不完全的一、二次资源替代较之充分的资源回收再利用而言，将对环境污染及整个的社会福利产生更大的负面影响。换句话说，尽量做到变废为宝，将一次资源产生的废物最大程度地转化为二次资源将为社会带来更大的福利。

⑥ 在基于资源消耗经济系统的最优稳态增长路径上，原始资源与回收再利用资源的影子价格的增速与两者间的替代率无关。

⑦ 由于模型构架时做出"资源开采成本应该随着剩余的有限资源存量趋近于零而以一个不断增长的速度上升"的假设，原始资源的增速要更快些。但倘若不考虑资源的开采成本递增问题，其结果与瓦尔拉斯一般均衡的结论吻合。

⑧ 在基于资源消耗经济系统的最优稳态增长路径上，通过对原始资源消耗产生的废物的回收再利用，得到的二次资源将继续为经济系统的增长做出贡献，直至原始资源的影子价格等于其在经济系统中的边际净产出（即边际产出价值减去边际开采成本），经济增长达到稳态。

（3）刻画不同污染存量水平、不同污染流量水平、不同环境容量水平、不同降解速率水平的不同污染物、不同产业的不同污染物对产业耦合的影响，得出：

① 产业耦合污染产生的净私人收益等于该单位污染产生的总边际损失。总边际损失包括污染产生的边际损失加上减少的边际污染衰减率。

② 污染衰减能力的影子价格的变化率受两大产业发展的贴现率、衰减函数导数以及与衰减相关的社会价值的影响。

③ 在不考虑技术进步和投资以改善环境容量和污染衰减能力的条件下：对于产业 A 而言，当 $\dot{\lambda}^A = 0$ 时，等斜线 I_λ^A 的单调性随着贴现率 ρ 和 $h_C'^A$ 的取值而变化，遵行可持续发展的基本原理，假设贴现率 ρ 尽量大，则等斜线 I_λ^A 单调递减。$\dot{\lambda}^A > 0$ 处于等斜线 I_λ^A 的右边，$\dot{\lambda}^A < 0$ 处于等斜线 I_λ^A 的左边。产业 B 同样。对于产业 A 而言，当 $\dot{G}^A = 0$ 时，等斜线 I_C^A 单调递减；产业 B 同样。对于产业 A 而言，等斜线 I_λ^A 与等斜线 I_C^A 交于均衡点 $E(G_e^A, \lambda_e^A)$。当污染物的初始衰减（或自净）能力 G_0^A 大于 G_e^A 时，最优路径应该在 λ_0^A 上，并最终处于均衡点 $E(G_e^A, \lambda_e^A)$。由于 $\dot{G}^A < 0$，污染排放 P^A 将超过污染物的衰减能力，直至达到稳定状态，使得 $P^A = G_e^A$。在这个过程中，影子价格 λ^A 不断增加，污染物排放水平 P^A 不断下降；当污染物的初始衰减（或自净）能力 G_0^A 小于 G_e^A 时，最优路径将不会达到稳态，最终资源和污染物的自我衰减净化能力将完全耗尽。产业 B 同样。

④ 在考虑技术进步和投资以改善环境容量和污染衰减能力的条件下：对于产业 A 而言，当污染物的初始衰减（或自净）能力小于均衡点的衰减能力时，最优路径也可能达到稳态，人为的投资和技术进步等环境改善措施将提高环境质量。当污染衰减能力阈值大于均衡点的衰减能力时，污染的衰减水平可以恢复至均衡点水平。在这个过程中，影子价格不断下降，污染物排放水平不断增加；当污染衰减能力阈值小于均衡点的衰减能力时，最优路径将不会达到稳态，最终资源和污染物的自我衰减净化能力将完全耗尽。产业 B 同样。

（4）根据不同产业的不同污染和不同资源消耗，刻画耦合系统中的产业规模结构动态变化，得出：

① 在基于资源消耗和环境控制框架下的农旅产业耦合系统增长模型里，稳态条件下，产业的存量污染的衰减系数越大，分配到该产业上的资源就越多；反之，产业的存量污染的衰减系数越小，分配到该产业上的资源就越少。

② 在基于资源消耗和环境控制框架下的农旅产业耦合系统增长模型里，稳态条件下，产业的存量污染的危害系数越大，分配到该产业上的资源就越少；反之，产业的存量污染危害系数越小，分配到该产业上的资源就越多。

③ 在基于资源消耗和环境控制框架下的农旅产业耦合系统增长模型里，稳态条件下，贴现率越大，产业消耗的资源就越多。

④ 产业耦合中控制变量（即资源消耗总量或产业市场规模以及产业市场结构或产业比重）以及状态变量（即污染存量），对达到稳态增长的影响很大。总体来说，其增速越快，变量向稳态收敛的速度就越快。但是，收敛于稳态增长的路径是不同的，市场的规模、资源的消耗、产业的结构向稳态收敛的速度并不是单调的，而产业的污染存量向稳态收敛的速度是单调的。

⑤ 污染损害函数的最优增长路径不是单调的。

最后，本书对主要结论进行数值模拟和实证研究，对上述结论进行验证。

7.2　未来研究展望

本书的研究虽然取得了一定的进展，但仍需要通过进一步深入的研究来探讨产业耦合系统发展的内部机制，下一步的研究工作可以在以下几个方面开展：

（1）进一步完善产业耦合系统发展的内部机制研究。产业发展机制研究是产业发展的基础性研究，进一步研究产业耦合中两大主体的互动情况，行为博弈、决策理论的引入可以拓展这一部分的深度和广度。

（2）构建产业耦合发展的指标体系和评价指标体系。确立相关指标的选取原则和基本框架，建立数学模型并研究各影响因子的互动关系。

（3）嵌入仿真工具、地理信息系统技术。运用仿真工具分情景讨论和模拟不同的经济收益的产业差异（industrial differentiation of economic benefit）对产业耦合系统发展的影响。借助 GIS 强大的空间数据处理能力，进一步讨论跨区域下的产业耦合发展中的污染控制的时空差异（time-spatial differentiation of pollution control）对产业耦合系统的影响。

参 考 文 献

[1] 保继刚. 颐和园旅游环境容量研究 [J]. 中国环境科学, 1987 (2): 35 - 41.

[2] 陈述彭. 资源开发与环境生态效应 [J]. 地理学探索, 1992 (5): 299 - 320.

[3] 楚义芳. 旅游的空间组织研究 [D]. 天津: 南开大学博士论文, 1989: 71 - 76.

[4] 崔凤军, 刘家明. 旅游环境承载力理论及其实践意义 [J]. 地理科学进展, 1998, 7 (1): 86 - 91.

[5] 崔凤军. 旅游环境承载力——持续发展旅游的判据之一 [J]. 经济地理, 1995, 15 (1): 105 - 109.

[6] 丁文魁. 风景名胜研究 [M]. 上海: 同济大学出版社, 1988.

[7] 冯孝琪. 骊山风景名胜区环境容量现状评价 [J]. 资源开发与保护, 1991, 7 (2): 118 - 120.

[8] 高拯民. 土壤——植物系统污染生态系统研究 [M]. 北京: 中国科学技术出版社, 1986.

[9] 郭来喜, 保继刚. 中国旅游地理学的回顾与展望 [J]. 地理研究, 1990, 9 (1): 78 - 86.

[10] 赫尔曼·格拉夫·哈茨费尔德. 生态林业理论与实践 [M]. 沈照仁译. 北京: 中国林业出版社, 1997.

[11] 胡炳清. 旅游环境容量计算方法 [J]. 环境科学研究, 1995, 8 (3): 21 - 24.

[12] 蒋中一. 动态最优化基础 [M]. 上海：商务印书馆，1999.

[13] 焦必方. 环保型经济增长——21世纪中国的必然选择 [M]. 上海：复旦大学出版社，2002：78.

[14] 赖亚兰. 重庆三峡库区高效生态农业可持续发展模式与机制研究 [D]. 重庆：西南农业大学，2001.

[15] 刘朝马，刘冬梅. 矿产资源的可持续利用问题研究 [J]. 数量经济技术经济研究，2001 (1)：39-43.

[16] 刘锋. 中国西部旅游发展战略研究 [M]. 北京：中国旅游出版社，2001.

[17] 刘玲. 旅游环境承载力研究 [M]. 北京：中国环境科学出版社，2000.

[18] 刘振礼，金键. 特定区域内旅游规模的研究 [J]. 旅游论丛，1985 (2)：42-56.

[19] 雒志学，何泽荣. 污染环境中可再生资源的最优收获问题 [J]. 生物数学学报，2003，18 (3)：269-274.

[20] 明庆忠，李宏，王斌. 试论旅游环境容量的新概念体系 [J]. 云南师范大学学报，1999，10 (5)：52-57.

[21] 皮立波. 现代都市农业的理论和实践研究 [D]. 成都：西南财经大学，2001.

[22] 秦远好. 三峡库区旅游业的环境影响研究 [D]. 重庆：西南大学，2006.

[23] 全华. 生态旅游区环境变化与可持续发展——以张家界为例 [J]. 中国人口·资源与环境，2002，12 (3)：95-98.

[24] 芮建伟，王立杰，刘海滨. 矿产资源价值动态经济评价模型 [J]. 中国矿业，2001 (2)：31-33.

[25] 邵琪伟. 发展乡村旅游，促进新农村建设 [J] 求是，2007 (1)：38-40.

[26] 万幼清. 旅游环境容量确定方法的探讨 [J]. 江西财经大学学报，2004，34 (4)：60-63.

［27］汪嘉熙. 苏州园林风景旅游价值及其环境保护对策研究［J］. 环境科学，1986，7（4）：83-88.

［28］王剑，彭建. 基于旅游环境承载力的旅游开发规划优化设计研究［J］. 地理与地理信息科学，2004，20（1）：95-98.

［29］威廉·瑟厄波德. 全球旅游新论［M］. 北京：中国旅游出版社，2001.

［30］魏晓平，王新宇. 矿产资源最适耗竭经济分析［J］. 中国管理科学，2002（5）：78-81.

［31］文传浩，杨桂华. 自然保护区生态旅游环境承载力综合评价指标体系初步研究［J］. 农业环境保护，2002，21（4）：365-368.

［32］翁钢民，赵黎明，杨秀平. 旅游景区环境承载力预警系统研究［J］. 中国地质大学学报（社会科学版），2005，5（4）：55-59.

［33］吴德礼，李惠彬. 基于转型经济：区域发展理论研究与规划实务［M］. 北京：中国财政经济出版社，2008.

［34］谢正磊，林振山，齐相贞. 可再生资源非线性收获的策略问题研究［J］. 中国人口·资源与环境，2005（1）：8-11.

［35］杨红. 生态农业与生态旅游业耦合机制研究——以三峡库区为例［D］. 重庆：重庆大学，2009.

［36］杨锐. 从游客环境容量到 LAC 理论——环境容量概念的新发展［J］. 旅游学刊，2003，18（5）：62-65.

［37］杨秀平，翁钢民. 旅游环境可持续承载动态模型的构建［J］. 云南地理环境研究，2005，17（4）：58-6.

［38］赵红红. 苏州旅游环境容量问题初探［J］. 城市规划，1983（3）38-41.

［39］赵黎明，黄安明，张立明. 旅游景区管理学［M］. 天津：南开大学出版社，2002.

［40］赵士洞，陈华. 新林业——美国林业一场潜在革命［J］. 世界林业研究，1991，4（1）：35-39.

［41］Adelman M A. Mineral depletion, with special reference to petroleum

[J]. Review of Economics and Statistics, 1990, 72 (1): 1 – 10.

[42] Alan Wagar J. The Carrying Capacity of Wild Lands for Recreation. Forest Science Monography. Society of American Foresters [J]. 1964 (18): 587 – 594.

[43] Alexey Voinov, Robert Costanza, Lisa Wainger. Patuxent landscape model: integrated wcological economic modeling of a watershed [J]. Environmental Modelling & software, 1999 (14): 473 – 491.

[44] Alexis Saveriades. Establishing the Social Tourism Carrying Capacity for the Tourist Reports of the Coast of the Republic of Cyprus [J]. Tourism Management, 2000 (21): 147 – 156.

[45] Anderson F J. Natural Resources in Canada [M]. Economic Theory and Policy, Nelson, Ontario, 1991.

[46] Archer B H, Fletcher J E. Multiplier Analysis in Tourism, Cahiers du Tourisme, Centre Des Hautes Etudes Touristiques [M]. Universite de Droit, D' Economie et Des Sciences, Aix en Provence, 1991.

[47] Ballestero E. Measuring efficiency by a single price system [J]. European Journal of Operational Research, 1999 (115): 616 – 623.

[48] Ballestero E, Romero C. Weighting in compromiseprogramming: a theorem on shadow prices [J]. Operations Ressarch Letters, 1993 (13): 325 – 329.

[49] Barbier E B. Economic, Natural Resources Scarcity and Development: Conventional and Alternative Views [M]. Earthscan, London, 1989.

[50] Baumol W J, Oates W E. The Theory of Enviromental Policy: Externalities, Public Outlays and the Quality of Life [M]. Prentice Hall, Englewood Cliffs, New Jersey, 1988.

[51] Beukering Pieter van, Randall T. Curlee. Recycling of materials. Local or global? [M]. Managing a Material World. Kluwer Academic Publishers, Dordrecht, 1998.

[52] Beukering Pieter van. Recycling, International Trade and the Environment: An Empirical Analysis [M]. Kluwer Academic Publishers, Dordrecht, The Netherlands, 2001.

［53］ Beukering Pieter van, Sharma Vinod. Waste Paper Trade and Recycling in India ［M］. Pawan Kumar Scientific Publishers, Jodphur, 1998.

［54］ Beukering Pieter van, van den Bergh Jeroen C J M., Janssen Marco A, Verbruggen Harmen. International material-product chains ［M］. Tinbergen Institute Discussion Paper, 2000.

［55］ Blomberg Jeffrey, Hellmer Stefan. Short run demand and supply elasticities in the West European market for secondary aluminium ［J］. Resources Policy, 2000, 26 (1): 39 – 50.

［56］ Bromley D W. The Handbook of Environmental Economics ［M］. Blackwell, Oxford, 1995.

［57］ Burns P H, Holden A. Tourism: A New Perspective ［M］. Prentice Hall International (UK) Ltd, Hemel Hempsted, 1995.

［58］ Calcott Paul, Walls Margaret. Can downstream waste disposal policies encourage upstream design for environment? ［J］. American Economic Review, 2000, 90 (2): 233 – 237.

［59］ Chevé M. Irreversibility of pollution accumulation: new implications for sustainable endogenous growth ［J］. Environmental and Resource Economics, 2002, 14: 69 – 81.

［60］ Chiang A C. Elements of Dynamic Optimisation ［M］. McGraw-Hill, New York, 1992.

［61］ Chih-Yung Wang, Paul S Miko. Environmental Impacts of Tourism on U. S. National Park ［J］. Journal of Travel Research, 1997, 35 (4): 31 – 36.

［62］ Christian Friis Bach. Economic incentives for sustainable management: a small optimal control model for tropical forestry ［J］. Ecological Economics, 1999 (30): 251 – 265.

［63］ Cole David N. The Limits of Acceptable Change (LAC) System for Wilderness Planning ［J］. U. S. Department of Agriculture, 1985: 36 – 37.

［64］ Conrad J M, Olson L J. The economics of stock pollutant: aldicarb on Long Island ［J］. Environmental and Resource Economics, 1992 (2): 245 – 258.

[65] Costanza R, Lisa Wainger, Car Folke. Modeling Complex Ecological Economic Systems [J]. BoiScoence, 1993, 43 (8): 545 – 555.

[66] Cropper M L, Oates W E. Environmental economics: a survey [J]. Journal of Economic Literature, 1992 (3): 675 – 740.

[67] D'Arge R, Kogiku K. Economic growth and environment [J]. Review of Economic Studies, 1973 (40): 61 – 77.

[68] Dasgupta P, Heal G M. Economic Theory and Exhaustible Resources [M]. Cambridge University Press, Cambridge, 1979.

[69] Dasgupta P, Heal G M. The optimal depletion of exhaustible resources [J]. Review of Economic Studies, 1974 (5): 3 – 38.

[70] Dasgupta P. Natural resources in an age of substitutability, in Kneese, A. V. and Sweeney, J. L [M]. Elsevier, Amsterdam, 1993.

[71] Derrin Davis, Clem Tisdell. Recreational Scuba-diving and Carrying Capacity in Marine Protected Areas [J]. Ocean & Coastal Management, 1995 (26): 19 – 40.

[72] Derrin Davis, Simon Banks. Whale sharks in Ningaloo Marine Park: managing tourism in an Australian marine protected area [J]. Journal of Travel Research, 1997, 18 (5): 259 – 271.

[73] Di Vita, Giuseppe. Technological change, growth and waste recycling [J]. Energy Economics, 2001, 23 (5): 549 – 567.

[74] Douglas Pearce. Tourist Development [M]. Longman, 1989.

[75] Edward Inskeep. An Integrated and Sustainable Development Approach [M]. New York, 1989.

[76] Eichner Thomas, Pethig Rüdiger. Product design and efficient management of recycling and waste treatment [J]. Journal of Environmental Economics and Management, 2000, 41 (1): 109 – 134.

[77] Elio Canestrelli, Paolo Costa. Tourist Carrying Capacity: a Fuzzy Approac [J]. Annals of Tourism Research, 1991 (18): 295 – 311.

[78] Fernando Garrigos, Yeamduan Narangajavana, Daniel Palacios Marques. Carrying Capacity in the Tourism Industry: a Case Study of Hengistbury Head [J].

Tourism management, 2004 (25): 273 – 283.

[79] Fisher A C, Peterson F. The environment in economics: a survey [J]. Journal of Economic Literature, 1976 (14): 1 – 33.

[80] Forster B A. Optimal pollution control with a nonconstant exponential decay rate [J]. Journal of Environmental Economics and Management, 1975, 2 (1): 1 – 6.

[81] France L. The Earthscan Reader in Sustainable Tourism [M]. Earthscan Publication Ltd, 1997.

[82] Gersbach H, Schmutzler A. A product market theory of training and turnover of firms [R]. IZA Discussion papers, 2001 (327) [1] Mathieson, A, and Wall, G. Tourism: Economic, Physical, and Social Impacts. London: Longman, 1982.

[83] Getz D. Capacity to Absorb Tourism: Concepts and Applications for Strategic Planning [J]. Annals of Tourism Research. 1983, 10 (2): 239 – 263.

[84] Grace Richard, Turner R Kerry Walter, Ingo. Secondary materials and international trade [J]. Journal of Environmental Economics and Management, 1978 (5): 172 – 186.

[85] Hahn R W. Economic prescriptions for environmental problems: how the patient followed the doctor's orders [J]. The Journal of Economic Perspectives, 1989 (3): 95 – 114.

[86] Hartwick J M, Olewiler N D. The Economics of Natural Resource Use [M]. Harper & Row, New York, 1998.

[87] Heal G M. Economics and resources, in Butlin, R [M]. Westview Press, Boulder, Colorado, 1981.

[88] Hediger W. Sustainable development with stock pollution [J]. SURED 2006, Conference Paper.

[89] Huhtala Anni. Optimizing production technology choices: conventional production vs. recycling [J]. Resources and Energy Economics, 1999 (21): 1 – 18.

[90] Ihab Mohamed Shaalan. Sustainable Tourism Development in the Red Sea

of Egypt Threats and Opprotunities [J]. Journal of Cleaner Production, 2005 (13): 83 – 87.

[91] Jorgensen D, Wilconxen P J. The Cost of Controlling US Carbon Dioxide Emissions [M]. Washington, 1990.

[92] Kamien M I, Schwartz N L. The Calculus of Variations and Optimal Control in Economics and Management [M]. Elsevier, New York, 1991.

[93] Kaufmann R. The environment and economic well being [M]. in Frontiers of environmental economics, Edited by Henk Folmer et al. Edward Elgar Publishing Limited , UK, 2001.

[94] Kemp Murray C, Van Long Ngo. On two folk theorems concerning the extraction of exhaustible resources [J]. Econometrical, 1980 (3): 663 – 673.

[95] Kolstad C D, Krautkraemer J A. Natural resource use and the enviornment [M]. in Kneese, A. V. and Sweeney, J. L. Handbook of Natural Resource and Energy Economics. Elsevier, Amsterdam, 1993.

[96] Kolstad C D. Uniformity versus differentiation in regulating externalities [J]. Journal of Environmental Economics and Management, 1987 (14): 386 – 399.

[97] Krugman P. Increasing returns and economic geography [J]. Journal of political economy, 1991 (99): 483 – 499.

[98] Krupnick A J. Costs of alternative policies for the control of nitrogen dioxide in Baltimore, Maryland [J]. Journal of Environmental Economics and Management, 1986 (13): 189 – 197.

[99] Lea J. Tourism and development ethics in the third world [M]. Routledge. London, 1988.

[100] Leandri The shadow price of assimilative capacity in optimal flowpollution control [J]. Ecological Economics, 2009 (68): 1020 – 1031.

[101] Li Harbin, David I. Gartner Pu Mou, Carl C. Trettin. A landscape model (LEEMATH) to evaluate effects of management impacts on timber and wildlife habitat [J]. Computers and Electronics in Agriculture, 2000 (27): 263 – 292.

［102］ Lindberg K, Stephen McCool, Stankey. Rethinking Carrying Capacity ［J］. Annals of Tourism Reaserch, 1997, 24 (2): 461 –465.

［103］ Lucas Jr, Robert E. On the mechanics of economic development ［J］. Journal of Monetary Economics, 1988 (22): 3 –42.

［104］ Malafant K W J, Fordham D P. An integrated framework for modelling irrigation futures in southern Australia ［M］. J. L. Us and C. A Brebbia. Southampton: UK WIT Press, 1999.

［105］ Marjan van den Belt, Lisa Deutsch, Asa Jansson. A consensus-based simulation model for management in the Patagonia coastal zone ［J］. Ecological Modelling, 1998 (110): 79 – 103.

［106］ Mathieson, Alister, Wall. Tourism: Economic, physical and social impacts ［M］. Longman, 1980.

［107］ Mathieson A, Wall G. Tourism: Economic, Physical and Social Impacts ［M］. Longman, London, 1980.

［108］ Mieckowski Z. Environmental Issues of Tourism and Recreation ［M］. University Press of America, Inc. Lanham, 1995.

［109］ Mieczkowski, Zbigniew. Environmental Issues of Tourism and Recreation ［M］. University Press of America, 1995.

［110］ Mäler Karl-Goran. Environmental Economics: A Theoretical Inquiry ［M］. John Hopkins University Press, Baltimore and London, 1974.

［111］ Monica Grasso. Ecological-economic model for optimal mangrove trade of between forestry and forestry production: comparing a dynamic optimization and a simulation model ［J］. Ecological Modelling, 1998 (112): 131 –150.

［112］ Murphy P N. Tourism: A Community Approach ［J］. Methenm, 1985.

［113］ Nordhaus W. How fast should we graze the global commons? ［J］. American Economic Reviwe, 1982 (72): 242 –246.

［114］ Opschoor J B, Vos H B. The Application of Economic Instruments for Environmental Protection in OECD Member Countries ［M］. OECD, Paris, 1989.

［115］ O'Reilly A M. Tourism Carrying Capacity ［J］. Tourism Management.

1986, 7 (4): 254 – 258.

[116] Peter Eder, Michael Narodoslawsky. What environmental pressures are region's industries responsible for? A method of analysis with descriptive indices and input-output models [J]. Ecological Economics, 1999 (29): 359 – 374.

[117] Pezzey J C V. An Analysis of Scientific and Economic Studies of Pollution Assimilation [M]. Centre for Resource and Environmental Studies, Australian National University, Canberra, 1995.

[118] Phillips. The Dive Tourism Industry of Byron Bay: a Management Strategy for the Future [J]. Faculty of Resource Science and Management, 1992 (23): 367 – 378.

[119] Plourde C G. A model of waste accumulation and disposal [J]. Canadian Journal of Economics, 1972 (5): 199 – 225.

[120] Zander P, Kaehele H. Modelling multiple objectives of land use for sustainable development [J]. Agricultural Systems, 1999 (59): 311 – 325.

[121] Radetzki M, Van Duyne C. The demand for scrap and primary metal ores after a decline in secular growth [J]. Canadian Journal of Economics, 1985 (2): 435 – 449.

[122] Rich Vincent, Bryant Haines, Kearney Paul. Macroeconomic implications of recycling: a response to Di Vita [J]. Resources Policy, 1999, 25 (2): 141 – 142.

[123] Roelof M Boumans, Villa, R F. Costanza. Non-spatial calibrations of a general unit model for ecosystem simulations [J]. Ecological Modelling, 2001 (146): 17 – 32.

[124] Shelby B. Carrying Capacity in Recreation Settings [M]. Oregon State University Press, 1986.

[125] Shinichiro Nakamura. An interindustry approach to analyzing economic and environmental effects of the recycling of waste [J]. Ecological Economics, 1999 (28): 133 – 145.

[126] Solow R M. Intergenerational equity and exhaustible resources [J]. Review of Economic Studies, 1974 (5): 29 – 46.

[127] Stankey G H. The Application of the Carrying Capacity Concept to Wilderness and other Low-Density Recreation Areas [J]. Canberra, 1980: 35 – 46.

[128] Steven R Lawson, et al. Proactive Monitoring and Adaptive Management of Social Carrying Capacity in Arches National Park: an Application of Computer Simulation Modeling [J]. Environment Management, 2003 (68): 305 – 313.

[129] Stiglitz J E. Growth with exhausible resouces: efficient and optimal growth paths [J]. Review of Economic Studies, 1974 (5): 139 – 152.

[130] Tahvonen O. Dynamics of Pollution control when damage is sensitive to the rate of pollution accumulation [J]. Environmental and Resource Economics, 1995 (5): 9 – 27.

[131] Thorsell J W. Managing Protected Areas in Eastern Africa: A Training Manual [M]. College of African Wildlife Management, Mweka Tanzania, 1984.

[132] Tietenberg T. Environmental and Natural Resource Economics [M]. HarperCollins, New York, 1992.

[133] Toman M A, Withagen C. Accumulative pollution, clean technology and policy design [J]. Resource and Energy Economics, 2000 (22): 367 – 384.

[134] Tony Prato. Modeling Carrying Capacity for National Parks [J]. Ecological Economics, 2001 (39): 321 – 331.

[135] Vincent May. Environmental Implications of the 1992 Winter Olympic Games [J]. Tourism Management, 1995, 16 (4): 269 – 275.

[136] Wier M, Hasler B, Andersen J M. Evaluating consequences of agricultural policy measures in an integrated economic and environmental model system, in Ecosystems and sustainable Development [M]. Southampton: UK WIT Press, 1999.

后　记

　　书稿完成之际，内心感慨万千。回首三年的写作，个中滋味自知。虽历经艰辛与磨炼，饱尝苦楚与喜乐，但在诸多的帮助与关怀之下，终究完成了此书。此时此刻的我内心充满了无限的感恩。

　　感谢恩师任玉珑教授带领我走进浩瀚的学术世界。正是任老师的博学多才、严谨的治学精神、上善若水的学者品行、独特的人格魅力不断地影响我。在本书的写作过程中，任老师不仅从构思方面给予诸多细心的指导，更是进行了逐字逐句的修改。在此，谨向恩师表示深深的感谢和崇高的敬意。

　　衷心感谢四川外国语大学领导对我长期的培养和支持，感谢国际商学院对我多年以来的关心和帮助。

　　深深地感谢父母亲含辛茹苦的养育和日日夜夜的牵挂！感谢我妻子长期的陪伴与默默的支持！谨以此书献给他们！

　　在此向未曾提到的所有关心和帮助过我的人表示由衷的谢意！

尹新哲

二〇二〇年三月　于川外聚英楼